相続のスケジュール

〈相続前にやること〉

- 財産目録の作成
- 相続人が誰かを把握する
- 相続に向けた家族会議
- 認知症への備え
- 相続税対策（生命保険・小規模宅地等の特例・生前贈与）
- 遺言書の作成
- エンディングノートの作成

〈相続後にやること〉

死亡	
死亡後、速やかに	●死亡診断書の取得
7日以内	●死亡届の提出 ●死体埋葬許可証と火葬許可証の取得
10日以内	●年金受給権者死亡届の提出（厚生年金）
14日以内	●国民健康保険証の返却 ●後期高齢者医療被保険者証の返却 （マイナンバーカードは返却不要） ●年金受給停止の手続き（国民年金） ●介護保険の資格喪失届 ●住民票の抹消届 ●世帯主の変更届
なるべく早く	●遺言書の調査 ●戸籍謄本の取得（相続人の確定） ●住民票の取得 ●印鑑証明の取得 ●故人の財産調査 ●遺産分割協議の開始 ●公共料金等の名義変更
3カ月以内	●相続放棄または限定承認 ●相続の承認又は放棄の期間の伸長
4カ月以内	●故人の所得税の確定申告（準確定申告）・納付
速やかに	●遺産分割協議書の作成 ●不動産の名義変更登記
10カ月以内	●相続税の申告 ●相続税の納付 ●（相続税延納申請、相続税物納申請）
1年以内	●遺留分侵害額請求
2年以内	●葬祭費の請求 ●埋葬料の請求 ●高額医療費の請求
3年以内	●生命保険金の請求
5年以内	●未支給年金、遺族年金の受給申請
5年10カ月が目安	●相続税の税務調査（可能性）

被相続人が亡くなった（相続の始まり）

→ 遺言書あり → 遺言書の内容に沿って相続人に遺産を分割

→ 遺言書なし → 相続人全員での「遺産分割協議」 → 遺産分割協議で決めた方法で相続人に遺産を分割

〈家族会議で話してみるといいこと〉

- ☑ 実家の土地家屋をどうするか？
- ☑ 財産をどう分けるか？
- ☑ 仏壇や墓を誰が管理するか？
- ☑ 葬式の連絡はどうするか？
- ☑ 行政手続きを誰がやるか？

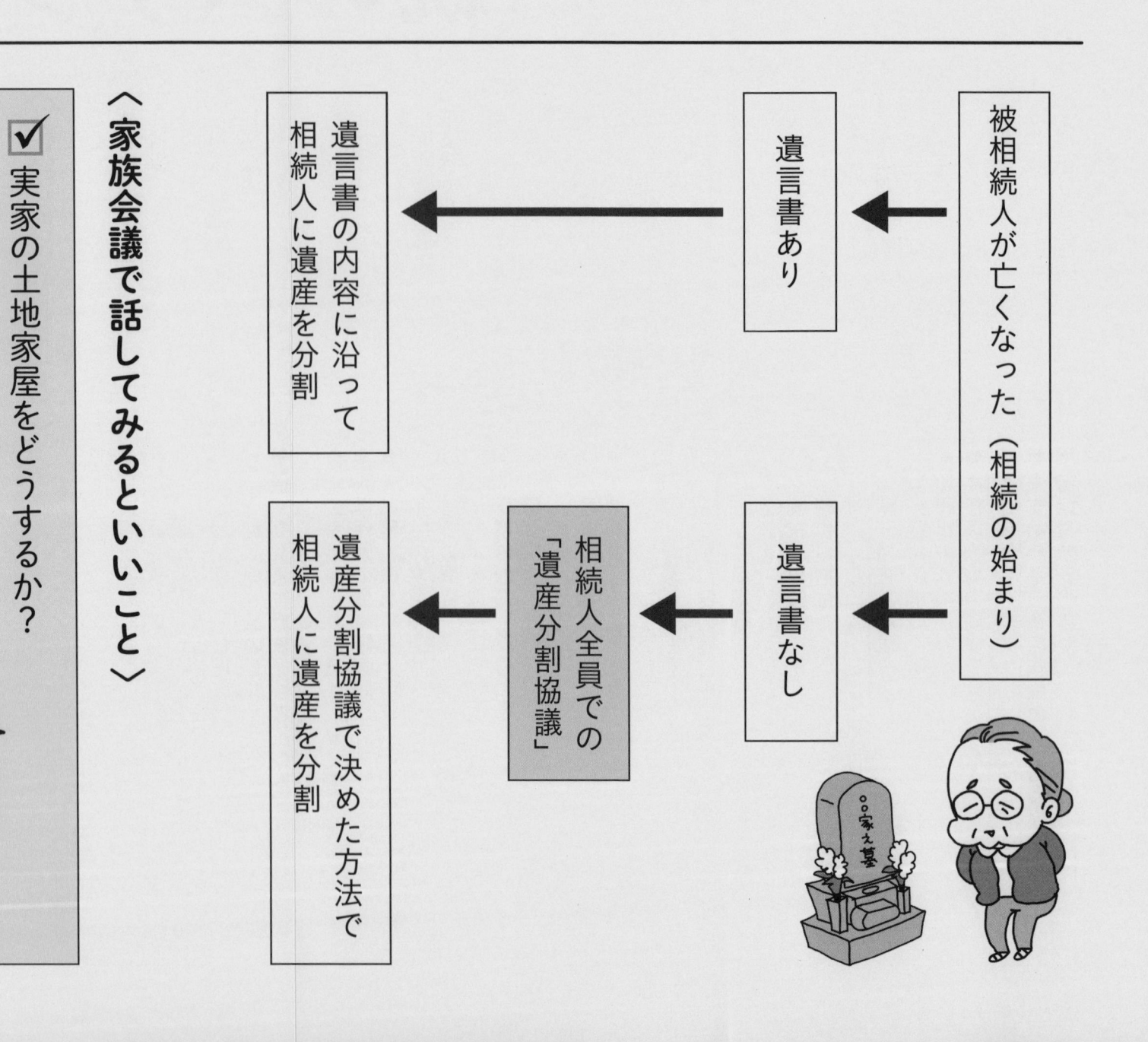

相続専門税理士が教える

相続のめんどくさいが全部なくなる本

相続専門税理士
前田智子

ダイヤモンド社

相続って、ホントめんどくさい……。

80代の父親を亡くし、
相続の手続きをしているという友人は、
けっこう苦労しているようだった。

先日、コロナ禍を経て5年ぶりに
遠く離れた実家の両親と会った。

5年前に会ったときより、
だいぶ老け込んだように感じる。

無理もない。
両親ともに80代半ばなのだ。

母親は ちょっと腰が曲がり、
以前のようにスタスタ歩けなくなっている。

父親はちょっと前に皮膚がんにかかり、
お尻の皮膚の一部を顔に移植したそうだ。

なんだかんだで、両親ともに健在だけど、
いつなんどき、〝その日〟が訪れるかもしれない。
突然の訃報《ふほう》が避けられない年齢なのだ。

そこでふと、相続問題に直面している
あの友人のことが頭に浮かんだ。

自分もいつなんどき、
同じ状況に立たされるかわからない。

相続なんて、これまで一度も考えたことはないし、
親・兄弟と話したこともない。
いつしか直面する問題なのに、だ。

別に親の財産をあてにしているわけではない。
でも、相続の手続きはめんどうだと聞くし、
〝そのとき〟は、いつか必ずやってくる。

実家を誰が引き継ぐのか、
お墓を誰が守るのか、
財産をどう分ければいいのか。

考え出すと、いろんな課題が頭に浮かんでくる。

相続が起きたあとも、家族が円満に過ごすこと。
それが、何よりの親孝行なのだと思う。

そのために、できる限りの準備をしておきたい。
そして、親も子どもに迷惑をかけないためにも
知っておいてほしい。

でも、何を準備しておけばいいのか?

頼りになる相続専門の税理士がいる。
経験豊富なプロ中のプロ、前田智子先生に、
わかりやすく相続のことを教えてもらおう。

CONTENTS

PART 1
「家族で相続の話をする」のがめんどくさい
…子どもに迷惑をかけたくなければ生前に準備を

PART2

「遺言を書く」のがめんどくさい

…家族の争いを避けるための遺言と相続税対策

PART3 「相続直後の手続き」がめんどくさい

…家族が亡くなったらすぐやるべきこと

PART4

「遺産の分け方を決める」のがめんどくさい

…遺産分割協議を円満に済ませるには

PART5

「相続財産の名義変更」がめんどくさい

…財産ごとに手続きが必要

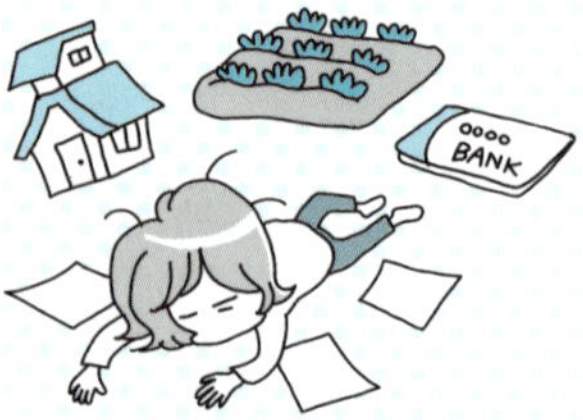

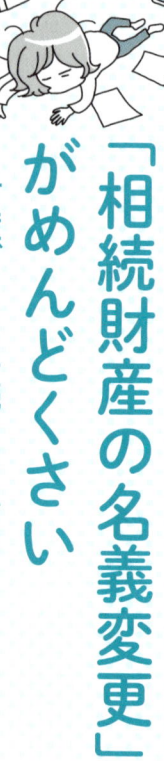

PART6

「相続税の申告」がめんどくさい

…特例をうまく使って相続税を引き下げる

プロローグ

相続はめんどくさい

相続専門税理士　前田智子

相続は準備が10割

「相続ってメチャクチャめんどくさそう……」

私が初めてそう思ったのは、祖父母が亡くなったときでした。

私自身は相続を直接経験したわけではないものの、「今日は銀行に行かなきゃ」「税理士に書類を届けなければ」と親がとても慌てていた姿が、強く印象に残っています。

相続の大変さをより深く知ったのは、私が現在所長を務めている税理士法人に入ってからです。

それまで私は「BIG4」と呼ばれる大手税理士法人で、おもに企業の税務を担当していたのですが、税金のことさえきちんと処理しておけば、トラブルになることはほとんどありませんでした。

ところが相続は、まったく違います。「相続専門」とうたう事務所ということで、相続にまつわるありとあらゆる相談が持ち込まれるのですが、一筋縄で解決できるようなケースはほぼありません。相続は税金や行政への手続きにとどまらず、ひとつやり方を間違えれば、家族同士の争いにつながるため、慎重に慎重を重ねなくてはいけないのです。

これまでに受けてきた相続の相談は、累計4000件を超え、日々数字を伸ばしています。相続のお手伝いをする経験を重ねるほどに私が痛感するのが、「相続は準備が10割」ということ。仕事で関わる相続に直面する方々から、「こんなことなら前もってやっておけばよかった」という声を何度聞いたかわかりません。

たとえば、お金の管理を漠然と旦那さんに任せきりにしていて、旦那さんが亡くなってから財産を探すのに苦労した人。必要な情報は亡くなった方のスマホにあるものの、パスワードがわからずどうにも調べられない人。実家が現在の住まいからかなり遠方にあり、相続のために実家へ帰るだけでひと苦労という人も少なくありません。

遺言書や、せめてエンディングノートがあればいいのですが、そうした準備がされているケースはまだまだ少ないのが現状です。相続税を払う備えができていないケースも多く、たとえば不動産を相続して相続税が発生したものの、現金が十分にないため、納税に困ってしまうことが起きがちです。

このように相続そのものが大変なのに、さらに相続税の問題がのしかかってくるのです。

かつては相続税といえば「限られたお金持ちだけに課される税金」という位置づけでしたが、近年は相続税の対象者が拡大し、日本では約1割の人が相続税申告を行っています。今後はさらに相続税がかかる人が増える可能性があります。

そのため、私のもとには「相続税の申告をお願いしたい」「相続税を節税したい」という相談が舞い込むのですが、私は相続税の前に考えておくべき問題が、山ほどあると思っています。

相続税の節税だけを目的にしてしまうと、かえってめんどくさい事態になってしまう恐れが多分にあるのです。事実、やみくもに相続税の節税を追い求めた結果、家族同士でモメてしまい、血を分けた兄弟姉妹が〝絶縁状態〟になるということが、数え切れないほど起きています。

インターネットで検索すれば、いくらでも相続税の節税に役立つ情報は手に入ります。しかし、長年実務に携わってきた私からすると、「それって本当に使えるの?」というものも少なくありません。実際、私のもとには、ネットで調べた末に「結局どうしたらいいのかわからない……」という人が多く訪れます。

たとえば、「相続税対策として生前贈与が効果的」という情報は、相続に関心のある人であれば、一度は耳にしたことがあるのではないでしょうか。

しかし、そもそも相続税がかからない人であれば、生前贈与をしても節税効果は皆無です。相続税がかかる家庭でも、生前贈与のやり方を間違えると、家族仲が悪くなったり、親の老後資金が足りなくなったり、税務調査で問題になったりすることさえあります。

これはあくまで一例なのですが、一見正しそうな相続税対策が、かえって相続をめんどくさいものにすることはよくあるのです。

世の中の相続の情報は「節税」に偏りすぎていますが、それとともに大切なことがあります。

この本では、相続税対策だけに視野を狭めることなく、相続にまつわる問題を幅広く解決したいと考えています。

ポイントは、「相続に備える手順を理解する」ということ。繰り返しになりますが、相続は準備が10割といっても過言ではないのです。

「相続のめんどくさいを解消する」を第一の目標として、相続税がかかる、かからないにかかわらず、のこされた家族が大変な目に遭わないための知識と対策をこの本に詰め込みました。

当然ですが、相続税を節税できたとしても、そのことによって家族仲が悪くなったり、新たにめんどくさいことが増えたりすれば本末転倒です。

財産をのこす親の立場から考えても、一生懸命仕事をして財産をのこしたのに、それが愛する家族がモメる原因になってしまうのであれば、これほど残念なことはありません。

そんな先々に起こり得る問題を想定して、その芽をきちんと摘みとっておけば、相続は驚くほどスムーズになります。

何より大切なことは、相続に関する手続きの流れを理解し、優先順位をつけながら行動に移していくこと。「相続はまだ先のこと」と思っている人もいるかもしれませんが、いざ誰かが亡くなってからスタートしたのでは遅いのです。

もちろん、相続税の節税も大事なことなので、効果的かつ現実的な方法を厳選してお伝えします。この本をお読みいただければ、間違った相続税対策ではなく、効果的な方法を実践できると思います。

本書は、相続の話をわかりやすくお伝えできるよう、3人による対話形式にしています。

対話のパートナーになっていただいたのは、元国税専門官でマネーライターの国税書夫（本名・小林義崇）さんと、本書編集者の無知相続（本名・斎藤順）さんです。それぞれの立場をわかりやすくお伝えするため、仮名にしています。

国税さんは、現在マネーライターとしてお金にまつわる記事や書籍などを執筆するお仕事をされていますが、独立するまでの約13年間は東京国税局の職員として、相続税調査や申告書のチェックなどを担当していたという経歴の持ち主です。

逆に無知さんは、相続についてまったく知識がないとのことですが、ご両親がともに80代で相続の心配が日増しに高まっているそうです。相続に詳しくない方々の目線も大事にしたいと思い、いつもは裏方に徹している無知さんにも、あえてご登場いただきました。

税理士・元国税・相続のド素人という3者の視点から相続を学ぶことで、よりいっそう「相続は準備が10割」ということが理解できると思います。

難しい説明はできるだけ省いて、相続の手続きを具体的にイメージできるように構成しているので、「相続は難しそう」と感じる方にも、きっとお役に立てると思います。

〝相続のリアル〟を知り、本当の意味で相続問題を解決できるよう、1つひとつ学んでいきましょう！

本書の登場人物

［著者］

前田智子《まえだ・ともこ》

これまで4000件以上の相続相談を扱ってきた税理士・行政書士。現在は東京・名古屋・つくばに展開する相続専門税理士法人の名古屋所長を務めている。“納得相続”を信条としており、知識に裏づけられたきめ細やかなサポートによって数多くの家庭の相続問題を解決している。

［聞き手・ライター］

国税書夫《こくぜい・かきお》

東京国税局の元国税専門官。都内の税務署、東京国税局、東京国税不服審判所において、相続税の調査や所得税の確定申告対応、不服審査業務等に従事。相続税に詳しい。2017年7月東京国税局を退局し、マネーライターに転身。母子家庭の長男として育った。

［聞き手・本書編集者］

無知相続《むち・そうぞく》

現在52歳で、3人兄弟の三男坊。郷里に暮らす両親は、ともに80代半ば。これまで実家の相続について考えたことは一切ない“相続対策のド素人”。前田税理士と元国税専門官の国税さんに知識ゼロから教わり、相続について1つひとつ学んでいく。

PART 1

「家族で相続の話をする」のがめんどくさい…

子どもに迷惑をかけたくなければ生前に準備を

うちは相続の問題なんて起きない？

いいえ、それはとんでもない勘違いです…

無知　僕の両親はともに80代になり、いつなんどき相続の問題が起こるかわからない状態です。でも、相続の知識がまったくないので、漠然とした不安がつきまとっています。

とにかく「相続のめんどくさい」を避けたいと思っているのですが、まずどこから押さえておくべきでしょうか？

国税　私は東京国税局で相続税担当だったので、どうしても「相続税」のことが最初に頭に浮かびます。

前田　たしかに相続税は気になりますよね。でもその前に、「相続そのものが何なのか」をきちんと理解しておかなくてはいけません。そうでないと、**「うちは相続税がかかるほど財産がないから、相続の問題は起きない」というとんでもない勘違い**をしてしまうので。

無知　「相続そのもの」というと？

前田　相続とは、シンプルに言うと**「財産の行き先を決める」**ということです。亡くなった人の財産を誰がもらうのかを決めることが、相続でもっとも重要なことだと、まず頭に入れてください。

相続にまつわる準備や相続税対策、行政手続きなどの問題の大半は、財産の行き先をどう決めるかに左右されます。そこで、相続の大まかな流れについて頭に入れておくことからはじめましょう。

無知　「財産の行き先を決める」ですか。それって誰が決める話なのでしょうか?

前田　相続には、主に2つの方法があります。1つは**被相続人（相続財産をのこして亡くなった人）**の**「遺言書」**によるものです。遺言書がある場合は、原則として遺言書にしたがって相続します。なので、遺言書をのこすのであれば、財産をのこす人が財産の行き先を決める形になります。通常は「親」が財産をのこす立場になるので、親として、のこされた家族にどう財産を分けるかを考えるのです。

無知　もう1つの方法は?

前田　**「遺産分割協議」**による方法です。こちらは相続人同士で話し合って、遺産をどう分けるかを決めます。たとえば両親が亡くなったら、子ども同士で遺産分割協議をします。

無知　じゃあ、故人の遺言書がなければ、亡くなってから、いろいろと考えなければならないですね。

前田　はい。でも私は、遺言書をのこすにせよ、のこさないにせよ、子どもに迷惑をかけないように、**親が生前に主体的に相続のことを考えることが大事**だと思っています。

相続する財産がどれくらいあって、どう分けていくのか、という方向性を親がいったん決める。その方向性に問題がないかを、親が亡くなる前に親子で話し合って調整するのが望ましい形です。

Point!

相続には、①遺言書、②遺産分割協議、による2つの方法がある

相続の話を切り出すべき人は誰？

…相続の話は必ず親のほうからするべきだ

無知　親子で話し合いですか。でも、そういうお金の話題って、ちょっと話しづらくないですか？　僕も親が高齢になって、相続が間近に迫っていると感じていますが、家族が集まってもなかなか相続の話し合いをする雰囲気になりません。親子といえども、お金の話って、ちょっと異質な感じがします。

前田　日本では〝お金の話はタブー〟という感覚をもつ人が多いですからね。とくに子どもから親に対して相続の話は切り出しづらいと思います。

だからこそ、**相続の話は必ず親のほうからするべき**なのです。そもそも家族にのこす財産がどれくらいあるのかを知っているのは親自身ですから、責任をもって家族に話をしなくてはいけません。

無知　うーん……。親のほうから切り出すというのは、もっともなのかもしれませんが、現実問題として、ちょっとハードルが高いような気もします。

僕自身、子どもが2人いますが、自分が高齢になったとしても、家族に相続の話を積極的にしたいとは思えません。

前田 それはきっと、無知さんが相続のことをリアルに意識していないからだと思いますよ。お聞きしますが、無知さんの預金は誰のものですか?

無知 もちろん、僕のものですけど?

前田 では、縁起でもありませんが、無知さんが亡くなったら、その預金は誰のものになりますか?

無知 今、僕が亡くなったなら、妻のものになるでしょうね。ただ、子どもたちが大きくなっていたら、子ども2人にもいくらか、のこしておいたほうがいいのかもしれません。

前田 そのように、**まずは自分が亡くなったあとに財産がどうなるのかをイメージするのが、相続を考える最初のきっかけ**になります。無知さんの財産は、無知さんが亡くなったら、のこされた家族のものになります。そして、その財産のせいで、家族が困ることがあり得るのです。

国税 私が相続税調査をしていて感じたことですが、生前から相続の話し合いができていなかった家庭では、**相続税の申告漏れが起きやすい**です。税務署が銀行などの調査をして申告漏れの財産を見つけると、「そんなお金があるなんて聞いていなかった」という反応が大半だったことを覚えています。

結果的に、申告漏れ財産に対しては相続税の追徴課税があるので、「どうして生前に教えてくれなかったんだ……」という気持ちになりますよね。

無知 たしかに、何も言わずに僕が亡くなると、家族が困ることは想像できますね。

Point!

親が、自分が亡くなったら財産がどうなるかをイメージするのが最初

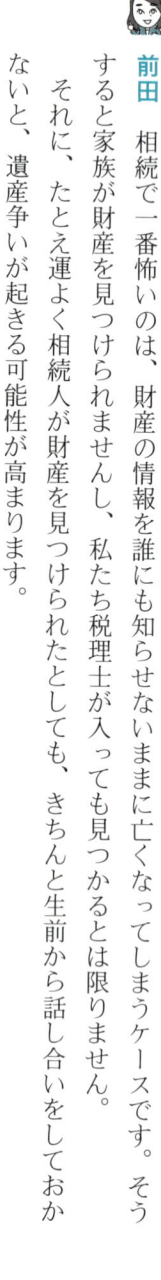

親の遺産で争うなんて下品じゃない？

……相続でモメるのはごく普通のこと

前田　相続で一番怖いのは、財産の情報を誰にも知らせないままに亡くなってしまうケースです。そうすると家族が財産を見つけられませんし、私たち税理士が入っても見つかるとは限りません。

それに、たとえ運よく相続人が財産を見つけられたとしても、きちんと生前から話し合いをしておかないと、遺産争いが起きる可能性が高まります。

無知　のこされた家族による遺産争いは避けたいですよね……。でも、それは家庭によるんでしょうか。うちはそこまでの財産はないはずなので、大丈夫だと思っていますが。

前田　油断は禁物です。**ほとんどの人が「うちは遺産争いなんて起きない」と高をくくっていますが、私の経験上、それは甘い考え**だと思います。

私のクライアントのなかには、親からの相続の際、自分自身が兄弟姉妹間で激しい遺産争いをしたのに、自分の子どもたちは仲がいいから大丈夫だと思い込んでいる人もいました。

たとえ子どもの頃に仲がよかったとしても、大人になって別々に暮らすようになると、それぞれにいろいろな事情を抱えます。家族の生活を守る立場になっている人、収入が少なくて生活に困っている人、そういった事情から遺産争いが起きてしまうのです。

国税　たしかに、私自身も大学入学と同時に実家を出てから数十年経っていますし、弟や妹も結婚しているので、一緒に暮らしていた頃とは、いろいろと状況が変化していますね。

無知　僕も3人兄弟の末っ子ですが、兄貴が相続のことをどう考えているかはわからないです。

前田　実家を出たら、それぞれ守るものができるので、**モメるのは普通のことだと思うくらいでちょうどいい**です。

だからこそ、相続は成り行き任せではいけません。お互いにハッピーでいるためにも、きちんと話し合いをして事前にトラブルの種をつぶしておくべきなのです。

「兄弟姉妹は仲がいいから遺産争いは起きない」という考えをいったん捨てる

相続人が誰かちゃんとわかってる？

相続人になるのは「配偶者」と「血族」…

国税 ところで、家族全員で相続の話をすべきだとのことですが、家族といっても具体的に誰と話せばいいのでしょう？

前田 国税さんは、自分が亡くなったときに、誰が相続人になるか知っていますよね？

国税 はい。妻と3人の息子たちです。

無知 えっ、相続人はどうすれば、わかるんですか？

前田 民法で定められた相続人を**法定相続人（相続人）**といいます。遺言書があれば法定相続人以外でも財産を受け継げますが、遺言書がなければ法定相続人同士で遺産分割協議をして相続財産の分け方を決めます。

相続人になるのは、**「（亡くなった）被相続人の配偶者（夫や妻）」と「被相続人の血族」**です。被相続人の血族には、次ページのとおり順位があり、第1順位がいなければ第2順位、第1順位も第2順位もいなければ第3順位の人が法定相続人になります。

相続の順位（亡くなった被相続人の血族）

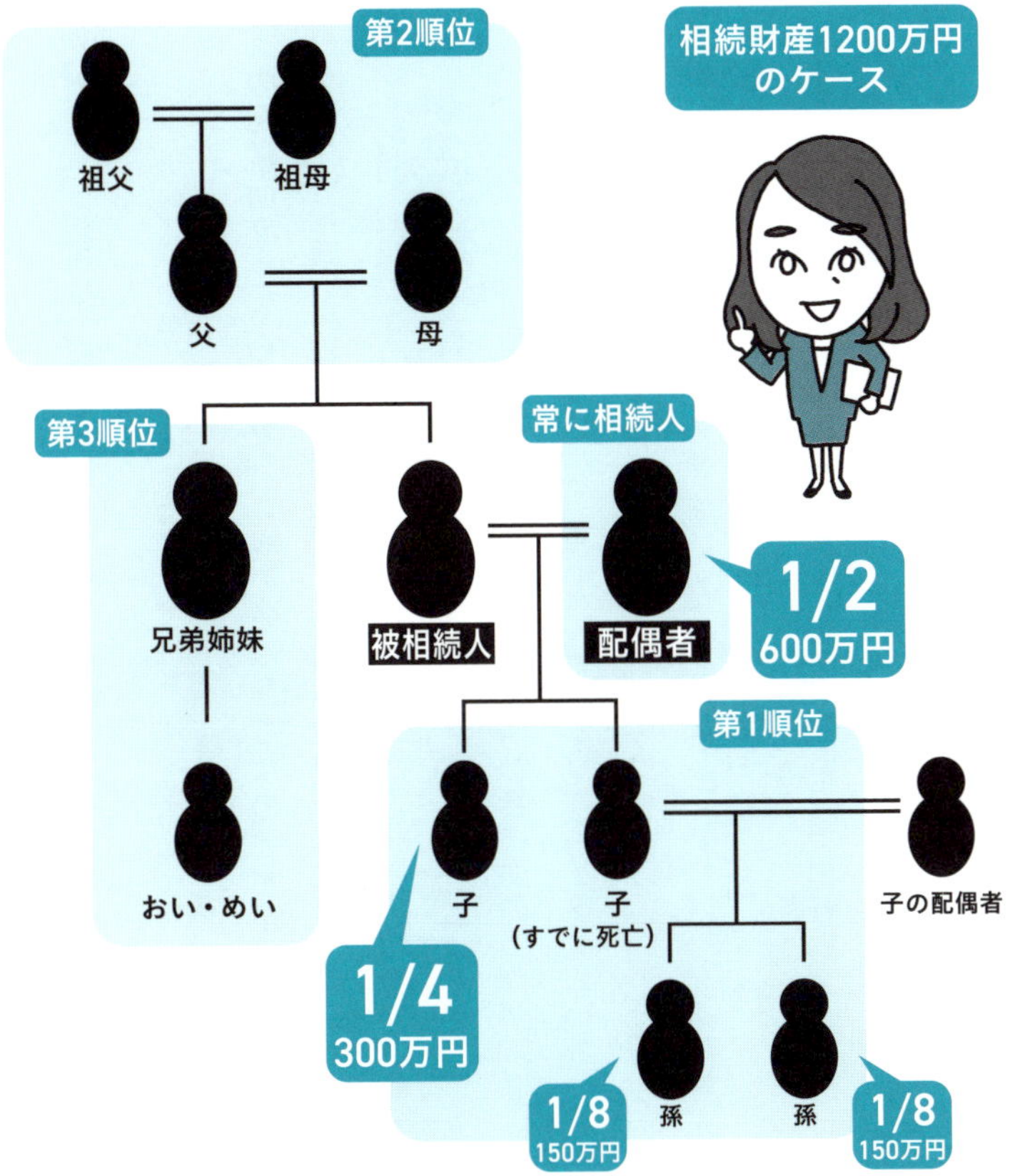

常に相続人

配偶者…夫や妻（内縁は除く）は、お互いが相続人

第1順位

子ども…子どもが複数いる場合は、それぞれ平等に権利をもつ。養子や胎児（ただし、民法上は胎児にも相続権はあるが、相続税法上は胎児を相続人としてカウントしない）、認知された非嫡出子（結婚していない男女の間に生まれた子）も子どもに含まれる。子どもがすでに亡くなっている場合は、その子ども（孫）が「代襲相続人」になる。

第2順位

両親・祖父母…子どもや、子どもの代襲相続人がいない場合は、両親が相続人になる。

第3順位

兄弟姉妹…子どもがなく、両親も亡くなっている場合は、兄弟姉妹が相続人になる。兄弟姉妹がすでに亡くなっている場合は、その子ども（おい・めい）が代襲相続人になる。

無知　僕には妻と子ども2人がいるので、僕が死んだら3人が相続人になるということですね。覚えておきます。

前田　相続人は、相続における当事者ですから、まずは誰が相続人なのかを把握しなくてははじまりません。

けっこう勘違いしやすいのが、結婚していてお子さんがいないケースです。夫が亡くなった場合、**「妻がすべての相続財産をもらえる」と思い込みがちなのですが、それは間違いです。**

子どももいなければ、代わりに第2順位である両親か祖父母（直系尊属）が相続人になり、子どもも直系尊属もいなければ、第3順位である兄弟姉妹が法定相続人になります。

国税　そう考えると、妻だけが相続人になるケースって意外と少ないですよね。

前田　はい。ただ、妻からすれば、夫の両親や兄弟姉妹は血のつながっていない他人です。それでも相続の当事者同士になるので、きちんと話し合いをしないとモメやすいです。

国税　独身で子どものいない人は、どうなるんでしたっけ？

前田　普通は両親が相続人になります。両親が他界していれば、兄弟姉妹が法定相続人です。なので、**相続人が誰もいない状況はあまりありません。**

ただ、本当に身よりがなかったり、法定相続人の全員が相続放棄をしたりすれば、相続財産は亡くなった被相続人にお金を貸しているような「債権者」に分配されて、のこりを**「特別縁故者」**や国がもらうことになります。

特別縁故者というのは、簡単に言えば**「亡くなった被相続人と特別親しい関係にあった人」**ですね。

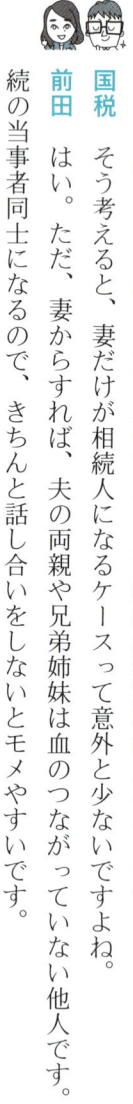

たとえば内縁の配偶者や、介護をしてくれた人などは、家庭裁判所での手続きを経て特別縁故者になる可能性があります。

無知　へえ。逆に言えば、普通に法定相続人がいたら、内縁の妻とか生前にお世話をした人でも、相続する権利はないわけですね。

前田　そうです。なので、そういう人に財産をのこしたければ、遺言書を書いておくべきです。

国税　再婚した場合はどうなりますか？　実は私の両親は、私が中学3年生のときに離婚して、私は母に引きとられました。父親は再婚したという話を聞いていますが、詳しいことはわかりません。

前田　再婚した場合、新しい配偶者は、当然ながら相続権をもちます。子どもについては、前妻との子どもも、新しい配偶者との間にできた子どもも、同じく相続権があります。

　ですから、国税さんのお父さんが亡くなったら、国税さんの兄弟姉妹と、お父さんの再婚相手の家族とで、遺産分割協議をすることになるでしょう。

　また、再婚相手に連れ子がいたときは、血縁関係にはないので相続権をもたないのですが、その連れ子と養子縁組をしていれば、実子と同じ権利が発生します。

無知　ちょっと混乱してきました……。とにかく、離婚や再婚をした人は、相続人が誰なのかを慎重に確認しておいたほうがよさそうですね。

Point!

まずは誰が相続人なのかをハッキリさせて、きちんと把握しておくこと

相続の話はいつ切り出すべきか？

…遅くとも親が75歳を越えたくらいのタイミングで

国税　相続のことを家族で話し合うのは、いつ頃がいいのでしょうか？

前田　**子どもが45歳になったら。遅くとも親が後期高齢者になる75歳を越えたくらいのタイミング**がいいでしょう。厚生労働省によると日本人の平均寿命は男性約81歳、女性約87歳なので、とくに男性の相続は早めに備えておいたほうがいいですね。認知症のリスクを考えると、もう少し早くてもいいかもしれません。

その頃になれば、財産も固定化していますし、実家の処分や介護などの問題も発生してくるので、家族で話し合いをする必要が出てきます。

無知　うちはもう両親が80代半ばなので、急いで話し合いをしなくちゃいけませんね……。

国税　相続税対策などのことを考えると、もっと早くから備えておいたほうがよくないですか？

前田　**早すぎるのもまた問題**なのです。たとえば60歳で相続のことを考えようとしても、あと数十年生きる可能性が高いので、現実的な話がしにくいですよね。亡くなるまでに生活費がまだまだかかりま

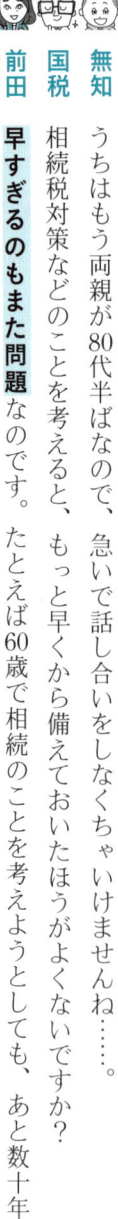

すし、財産構成や家族のライフスタイルも変化していくでしょうから。

国税 なるほど。前田先生は、相続の話を親から切り出したほうがいいと言われましたが、いつまで待っても親が相続のことを話してくれないこともありますよね。そんなときは、いったいどうしたらいいでしょうか？

無知 うちの両親は、まさにそんな状態ですよ。

前田 そのような場合は、相続についてストレートに話すのではなく、**「相続税ってうちはかかるのかな？」といったことを話題に出すところからはじめてみる**といいでしょう。はたして自分は相続税がかかるのだろうかと興味を抱いている親世代は多く、私のところにも高齢の方がよく相談にいらっしゃいます。

相続税の話をすると、必然的に財産の分け方などの話をすることになるので、自然な話し合いができます。実際には相続税がかからない人が大半なのですが、あえて相続税を話のきっかけに使うといいです。この本をご両親に見せてもいいと思いますよ。

無知 今度、僕が実家に帰ったときは、さりげなく「この前こんな本を編集したんだけど」と言ってこの本を親に見せます（笑）

Point!

「相続税ってうちはかかるのかな？」と相続の話を切り出す

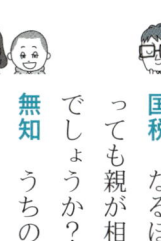

家族で話し合うべきことは？

…「生前贈与」をきっかけにすると効果的

無知　では次に、どのような形で相続の話し合いをすればいいか教えてください。

前田　家族会議のやり方がわからないという相談は、とても多いです。家族会議をテーマにした本やセミナーもあるくらいですから。ただ、別に難しいことを考えなくてもいいんですよ。まずは短時間でも集まって話し合いをする場を設けるだけでも、やらないより何倍もいい。そのときにお金に余裕があれば、**生前贈与をきっかけにすると効果的**です。

無知　生前贈与ですか？

前田　**「生前贈与したいと考えているから、正月に集まってほしい」**などと親が言えば、家族は集まります。あとは、お金を渡しながら相続の話をすればいいのです。

国税　それは面白いです。生前贈与というと、私は「相続税対策のため」というイメージがありますが、意外な活用法があるのですね。

前田　そうなんですよ。あと、家族会議をするときは、**何について話し合うかを伝え、当事者意識を**

もってもらうこともポイントになります。相続の幹となるのは、財産をいかに分けるかという話ですが、親の介護はどうするのか、認知症になったらどうするのか、相続後に実家の土地や建物をどうするのか、といったことも考えなくてはいけません。

親が将来に不安を感じることがあれば、それを家族会議で1つひとつつぶしていくというイメージです。いきなり家族会議をやると話すことが思い浮かばないので、あらかじめチェックリストを作っておいたほうがいいと思います。

国税　議題はいろいろあるのですね。ちなみに回数はどれくらい重ねるといいですか?

前田　ケースバイケースですが、1回ですべて終わることは普通ありません。たとえば盆と正月に年2回家族会議をするとして、**ある程度の合意形成ができるまでに2〜3年はかかる**でしょう。でも、顔を合わせる機会を増やせば、それだけモメる可能性が下がるので、地道に続けてほしいです。

Point!

お金に余裕があれば生前贈与をきっかけに相続を話し合う

相続財産はどれくらいある？

…財産を一覧表にしてみよう

国税　相続の話し合いの主題は、財産の分け方ですよね。ならば、どんな財産があるのかを把握しないとはじまらないということに？

前田　はい。まずはどんな書き方でもいいので、**現預金、不動産、株式、骨董品など相続する財産を一覧できる「財産目録」**を作ってください。紙に書いても、パソコンでまとめてもいいですが、とにかく財産を1つひとつリストアップして〝見える化〟することです。

相続に備えるときは、預金などのプラスの財産だけでなく、**借入金などのマイナスの財産もリストアップ**してください。あとは、被相続人が亡くなったことで相続人のものになる死亡保険金や死亡退職金は、やはり相続に関わってくるので、**「みなし相続財産」**という扱いでリストアップしておきましょう。

リストアップするべき相続財産の種類

金融資産	現金、預貯金、小切手、株式、投資信託、国債、売掛金、貸付金など
不動産	土地、建物など
その他の資産	貴金属、骨董品、絵画、ゴルフ会員権、特許権・著作権等の権利、自動車など
債務（マイナスの財産）	借入金、保証金など
みなし相続財産	死亡保険金や死亡退職金

無知　それってかなりめんどくさそうですね……。僕自身、銀行口座だけでも複数ありますし、不動産や株式など、すべてをリストアップするのは、けっこう大変そうです。

前田　みなさん、そのようにおっしゃいますよ。でも、財産目録がなければ、相続が起きたときにメチャクチャめんどくさくなります。なので、財産目録を作ることは、むしろめんどうを避けることにつながると考えて、やってみてください。

それに、やってみると意外と簡単ですよ。最初から100％完全なものを作ろうと気負う必要もありません。とりあえず**「この銀行に預金がこれくらいある」「この場所に家と土地がある」くらいの情報**だけでも、やらないよりはずっといいです。

いったん作って、あとから思い出したものをつけ足していってもいいのですから。

国税　財産目録を作るときは、やはり金額も集計したほうがいいですよね？

前田　最終的には、遺産分割協議や相続税申告のために金額まで細かく調べることになりますが、生前の家族会議の段階ではざっくりで大丈夫です。

　預金なら残高、不動産なら固定資産税の通知に書かれている価格、骨董品は買ったときの金額、といった形で十分でしょう。**ざっくりとでもいいので、相続財産が数百万円単位なのか、数千万円単位なのか、あるいは億単位あるのか、という規模感をつかんでおくことが大事です。**

国税　生前に財産目録を作っても、実際に亡くなるまでに変化していくと思いますが、財産目録はリアルタイムで作り替えたほうがいいですか？

前田　そこまで細かくやらなくても大丈夫です。**1年に1回くらい財産目録を見直して、預金残高などを更新しておけば十分**でしょう。そういう意味では、財産目録はエクセルなどで作っておいたほうがラクだと思います。

無知　先ほど、不動産の価格は、固定資産税の通知から確認できるというお話がありましたが、もっと詳しく教えてください。そもそも固定資産税の通知って、なんですか？

前田　不動産を所有している人は、毎年、市区町村から冊子で固定資産税の課税明細書が送られてくるはずです。この明細書をよく見ると、「価格」という欄に数字が書かれていて、これがいわゆる**「固定資産税評価額」**というものなのですが、この数字をもとにざっくりと不動産の価格を調べられます。

無知　その数字が、不動産の価格になるということですか？

前田　いいえ。固定資産税評価額は、実際の不動産の価値よりも低くなっています。なので、実際の価値、つまり時価に換算する必要があります。

細かい説明は省きますが、**建物なら「固定資産税評価額×1・0」、土地（宅地）なら「固定資産税評価額×1・1」を計算して財産目録に書いておけば、時価に近い金額になる**はずです。

国税　でも、相続税申告書を作るときは、土地の面積や形状などを見て細かく計算する必要があると思うのですが。

前田　そのとおりです。ただ、将来の相続に備えて不動産の価値を調べるだけなら、このようなざっくりとした計算で構いません。相続税の申告が必要になれば、さらに細かな計算が必要なことはたしかですが、今の段階では必要ないということです。

国税　相続税申告が必要なのは日本人の1割ほどなので、ほとんどの場合はざっくりした計算で問題なさそうですね。

Point!

ざっくりでもいいので財産をリスト化してみよう

親の財産は誰が管理する？

…人選ミスが〝家族の争い〟の火種になる

前田　相続の話し合いをするときは、親の財産を誰が管理するかも決めておきたいテーマです。親が認知症になったり、入院したりすれば、家族の誰かが預金などを管理しなくてはいけませんから。

　ただし、ここで**任せる人を間違えると、あとでとんでもないモメ事に発展する可能性がある**ので、注意してください。

無知　モメ事というと？

前田　代表的なトラブルは、**財産の使い込み**です。同居家族がキャッシュカードで勝手に現金を引き出して、相続財産が減ってしまうことはよくあります。

　そうすると、親と離れて暮らしていた家族としては、納得がいきませんよね。親の預金が数千万円あると思っていたのに、フタを開けてみたらほとんどのこっていない……となると確実にモメます。

無知　それはヤバすぎますね。

国税　高齢になると家族に財産の管理を任せるのは普通だと思いますが、安易に任せられませんね。ど

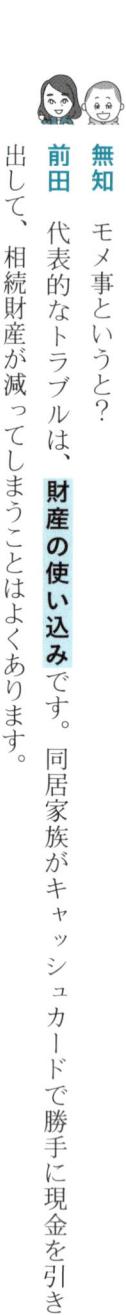

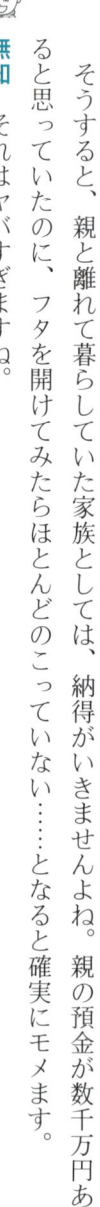

うすればトラブルを防げるのでしょう？

前田　複数人で相互監視することが大事です。私的な使い込みがあれば、バレるようにしておくのです。

無知　たとえば、親のネットバンキングに家族全員がアクセスできるようにしておくとか？

前田　それもいいのですが、高齢の親がネットバンキングのＩＤやパスワードを得られるかという問題があります。一番シンプルなのは、家族が集まるタイミングで通帳などを全員でチェックする方法です。

たとえば、長男が親の財産の管理を任されたのであれば、**正月に長男が預金通帳を見せて、１年間のお金の使い道を説明する**といったような形がいいと思います。

国税　それは簡単にできそうです。ただ、離れて暮らす家族としては、「使い道の説明で嘘をついているのでは？」という疑念は残りますよね。

無知　たしかに。親の口座からお金が出ていても、生活費や医療費として使ったと言われれば、それ以上追及しにくそうですし。

前田　そのような疑念を避けるためにも、親のお金の管理を任された人は、普段から領収書を保管したり、「現金出納帳」をつけておいたりすることが大事です。１円単位まで細かく管理する必要はありませんが、大きな支出はあとから説明できるようにしておくべきでしょう。

Point!
親の財産管理を誰がするかを決めておく

“家族の争い”を避けるために親が注意すべきこととは？

…キャッシュカードを家族に預けるのは慎重に

無知　それにしても、家族の財産を勝手に使い込む人って、実際にいるんですね。

前田　はい、いますよ。最初はほんの出来心で、ちょっとだけお金を引き出すのです。それがやがて慣れっこになってしまい、数年後には親の財産のほとんどが使い込まれることもあります。

これが**相続後には必ず発覚する**ので、大きなトラブルになってしまうのです。

国税　相続税調査で預金の動きを見られた結果、家族が使い込んでいたことが明らかになることもあります。いずれ家族でモメるのがわかりきっているのに、どうしてやってしまうんでしょうね。

前田　動機は人それぞれですが、よくあるのが、**「私は親の介護をしているのだから、報酬としてお金をもらうべきだ」**という考えです。

でもそれって法律的な根拠は何もなく、言ってみれば犯罪と同じなのです。親の介護を業者に任せたとして、その業者が勝手にお金を使っていれば、警察に届け出ますよね。同居する家族といえども、勝

手にお金を使っていいはずがありません。

無知　ほかの家族からすれば、「おいおい、そんな勝手な解釈をするなよ」っていう話ですね。家族による財産の使い込みがわかったら、どうしたらいいんですか？

前田　財産を所有する本人が生きているうちは、使い込んだ相手に「お金を返せ」と言えます。でも、**認知症になっていたら困難**になります。後見人をつけるにも手間がかかるので、〝横領し放題〟になってしまいます。

認知症発症後、相続人の誰かがキャッシュカードを使ってATMでお金をおろした事実を立証できるならば、成年後見人が就任した段階で、**「不当利得返還請求権」**を主張して認められれば、お金をとり戻すことができます。成年後見人が就任しなければ、亡くなった後にほかの相続人が、同じく不当利得返還請求権を主張して、お金をとり戻すことになります。

キャッシュカードでお金を抜けば、誰が引き出したかまでは、なかなか特定しづらいです。金融機関の防犯カメラなどで人物を確認できるならば特定することは可能ですが、実際のところ、それは困難なので、とり戻すことは現実的にほぼ不可能です。

だから、そもそも**キャッシュカードを家族に預けるのは慎重に考えたほうがいい**のです。

Point!

「親の世話をしているからお金をもらうべきだ」は法律的には通じない話

親の認知症にどう備える？

…「成年後見制度」が1つの選択肢

無知　認知症は相続と絡む大きな問題ですよね。現在52歳の僕でも、人の名前が出てこないことがしょっちゅうあるくらいもの忘れをしやすくなっていますが、80代の両親のことですから、よりもの忘れがヒドくなっていることは容易に想像できます。

前田　ちょっとしたもの忘れなら、単なる老化現象なので心配いりません。ただ、電話で話をしたこと自体を忘れていたり、旅行したこと自体を忘れていたり、記憶の一部が完全に抜け落ちているときは、認知症の疑いがあります。

厚生労働省によると、65歳以上の高齢者に占める認知症の人の割合は2割ほど。つまり**5人に1人が認知症になる計算**ですから、決してひとごとではありません。

無知　85歳以上になると、半分以上の人が認知症になってしまうのか……こうやって数字を目のあたりにすると、恐くなりますね。うちの両親は、まさに80代半ばですから。

国税　具体的に、認知症になると相続にどう影響しますか？　何か対策があれば教えてください。

年々増える高齢者の認知症

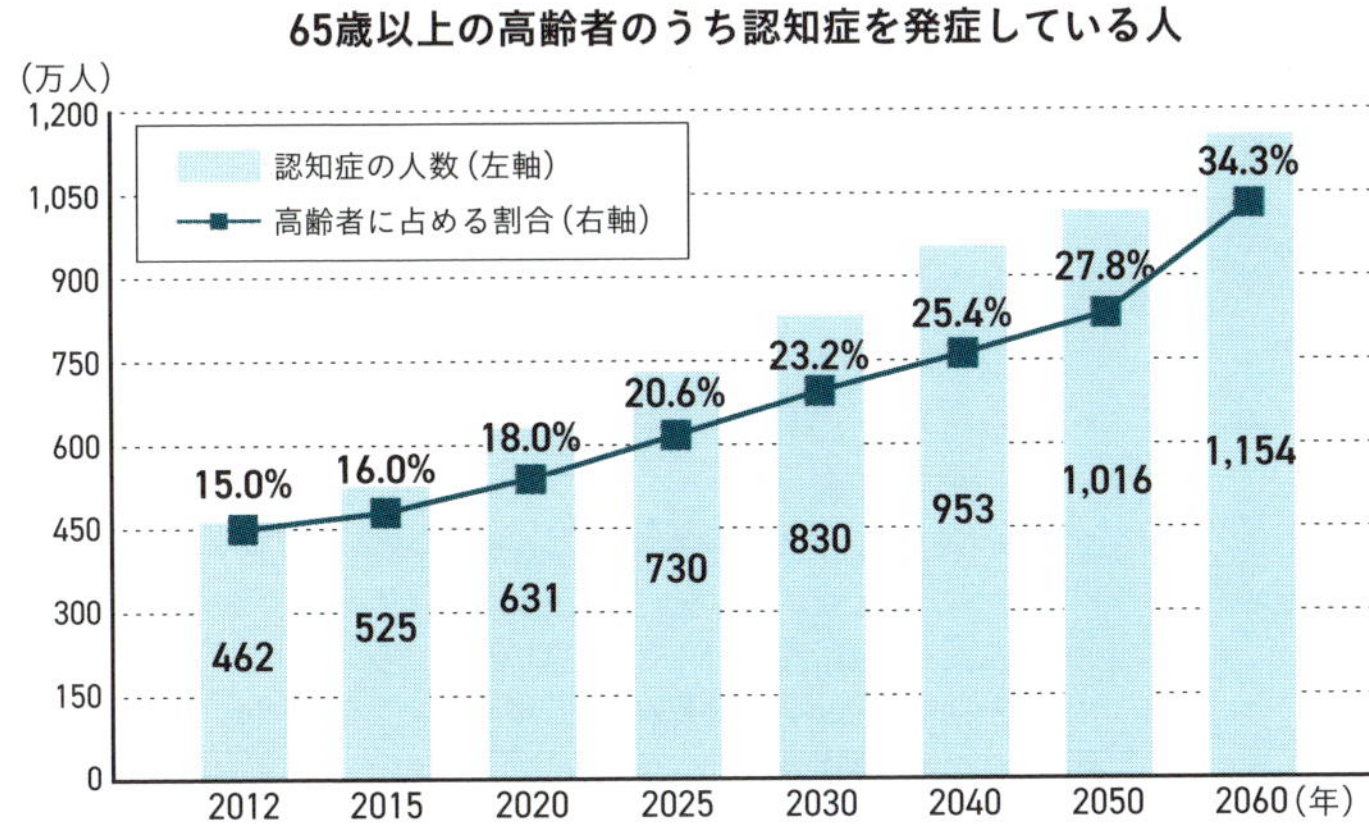

出典：認知症施策推進総合戦略(新オレンジプラン)〜認知症高齢者等にやさしい地域づくりに向けて〜の概要(厚生労働省)をもとに三菱UFJ信託銀行が作成

加齢とともに増加する認知症

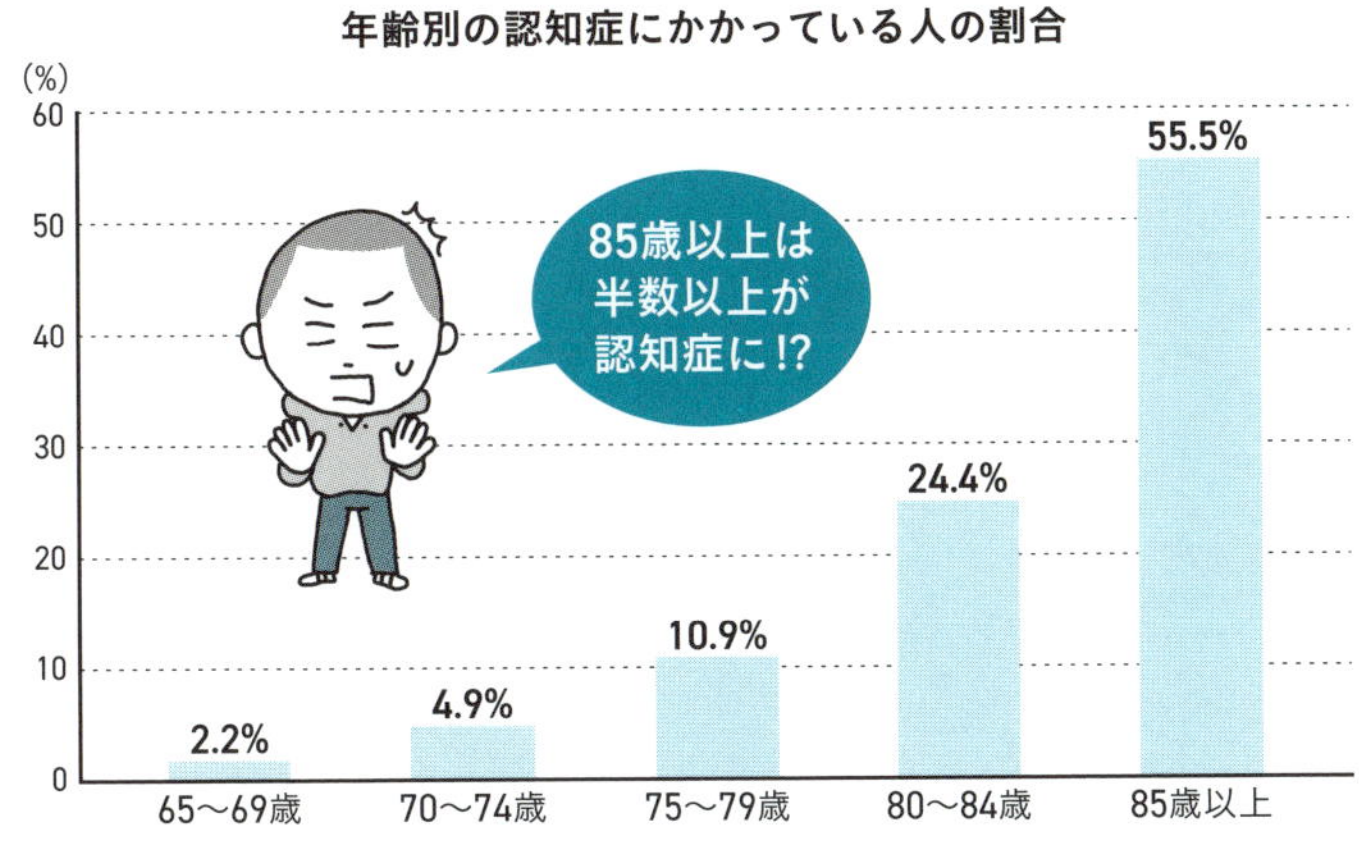

出典：「日本における認知症の高齢者人口の将来設計に関する研究」(平成26年度厚生労働科学研究費補助金特別研究事業)より三菱UFJ信託銀行が算出

成年後見人が行う日常業務

身上監護	• 病院に関する手続き • 介護保険に関する手続き • 施設入所や施設退所に関する手続き • 教育やリハビリに関する手続き • 住居の確保に関する手続き
財産管理	• 不動産などの管理・保存・処分 • 金融機関との取引 • 年金や不動産の賃料など定期的な収入の管理 • ローン、家賃、税金、社会保険料、公共料金の支払い • 生活費の送金や日用品の買い物 • 生命保険の加入、保険料の支払い、保険金の受けとり • 権利証や通帳などの保管 • 遺産相続などの協議、手続き

前田　ひとたび認知症になると、さまざまな手続きを自分ではできなくなります。そこで選択肢に入ってくるのが、**「成年後見制度」（法定後見制度）**を利用することです。

これは、認知症や精神的な障害などが原因で、判断する力や意思を伝える力がない人のために、家庭裁判所がサポートする人を選任する制度です。**サポートする人は「成年後見人」、サポートを受ける人は「成年被後見人」**といいますが、成年後見人が行う日常業務は2つに大別されます。

1つは**入院手続きなどの「身上監護」**、もう1つは**通帳保管などの「財産管理」**です。

なお、成年後見人になった人は、年1回、本人の生活状況や健康状態、財産目録などを自主的に家庭裁判所へ報告することになっています。

国税　要は、認知症になった本人に代わって、誰かに身の回りのことやお金の管理を任せられるわけですね。

成年後見人の手続きはどうすればいいですか？

前田　家庭裁判所で申請手続きをして、後見開始の審判の申し立て後、**通常は2〜4カ月ほどで成年後見人が決まります**。その後、成年被後見人の財産は、家庭裁判所の監督のもと、成年後見人が管理します。

こうなると成年被後見人本人であっても自由に財産を処分できなくなり、単独で行った法律行為を成年後見人が取消権を行使して、とり消せるようになります。

無知　最近は認知能力が衰えた高齢者を狙った詐欺が増えているみたいなので、僕も心配しています。認知症になった家族が詐欺のような契約をさせられたり、勝手に財産を処分しそうになったりしたときは、成年後見制度を使うと助かりそうですね。

Point!

認知症対策には「成年後見人」をつけるのも1つの選択肢

「成年後見制度」に問題はないの？

…最大の問題点は財産が塩漬けになってしまうこと

国税　成年後見制度の手続きは、いつまでにやるのでしょうか？

前田　取消権を行使できるのは、過去にさかのぼってその事実を認める**「追認」**ができるときから5年間となりますが、**イメージとしては5年間と覚えておけば大丈夫**かと思います。また、成年後見制度は**「任意後見」**と**「法定後見」**の2つに分かれることを押さえておく必要があります。

任意後見は、自分が判断能力を失ったときに備えて、財産を管理してもらう人を自ら選んでおく手続きです。そのため、自分が認知症になることを見越して任意後見をするなら、認知症になる前に手続きを済ませておかなければいけません。

一方の法定後見は、本人が判断能力を失ったあとに、親族などが家庭裁判所へ申し立てをして、後見人を選んでもらう形ですから、必要になったら早めに手続きをすることになります。

国税　生前に相続の対策を打つという意味では、任意後見の手続きをする必要がありますね。

前田　はい。任意後見のメリットは、**自ら信頼できる人を成年後見人に選べる**点です。

法定後見の場合、家庭裁判所に成年後見人を指定してもらうので、必ずしも希望に合った人選がなされるとは限りません。令和４（２０２２）年度の裁判所のデータによると、**親族が後見しているケースは２割弱、８割強は司法書士などの「職業後見人」**が指定されています。10年前は８割強が親族後見だったのですが、今は親族が後見人になるほうが珍しいのです。

無知　ええ、そうなんですか？　なんとなく親族が後見人になるものと思っていました。どうして親族じゃない人が選ばれるんですか？

前田　成年後見人の人選は、家庭裁判所がいろいろな事情を考慮して決めます。職業後見人が指定されるケースが増えているのは、**親族による横領事件が増加した**ことが要因と考えられます。

国税　なるほど。家族以外の人を成年後見人にしておけば、さすがに横領はしないだろう、という考えなのですね。

前田　気をつけなければならないのは、家庭裁判所が希望する人を選任してくれないからといって、「成年後見制度を使いません」とはいかないところです。成年後見人を選任する審判が行われる前なら申し立てのとり下げができますが、その場合でも家庭裁判所の許可が必要で、とり下げ理由を求められます。

国税　前田先生は、できるだけ法定後見制度を使ったほうがいいと思いますか？

前田　法定後見制度にはデメリットもあるので、ケースバイケースです。成年後見制度の最大の問題点は、**財産が塩漬けになってしまう**ことです。

とくに困るのは、認知症になった人と一緒に暮らしていた家族の生活費の問題です。認知症を発症した夫の預金から年金を引き出して生活していた妻が、成年後見人をつけたばかりに、お金が引き出せなくなり、生活が一気に苦しくなることもあり得ます。

無知　家族のお金なのに、まったく引き出せないのですか？

前田　手順を踏めば引き出すことはできますが、**いちいち成年後見人に相談して許可をとらなくてはいけません**。なぜならば、預金残高は成年後見人名義の口座で管理されるからです。

また、成年後見人に対して報酬の支払いが必要なことも注意しておきましょう。管理する財産にもよりますが、**月額2万円ほどを支払う**ことになります。ひとたび成年後見人がつくと、辞めさせることは基本的にできません。認知症になった本人が急に症状が回復するような奇跡でも起きない限り、死ぬまでずっと成年後見人に財産を握られ、報酬を払い続けなければなりません。

無知　いろいろと注意点があるのですね……。

前田　そうなんです。ですから、やはり認知症になる前に、相続に関してやれることは済ませておくのが理想的です。そして、「認知症や知的障害＝すぐに後見人をつける」と考えるのではなく、事前にメリット・デメリットをよく検討しておくことが何よりも大事です。

Point!

「任意後見」と「法定後見」を前提にメリット・デメリットを検討してみる

ちょっとしたブームの「民事信託」は注意が必要

「認知症への備えとして、**家族信託®**が役立つ」という話を耳にしたことはないでしょうか？（家族信託は一般社団法人家族信託普及協会の登録商標です）。

そもそも「信託」とは、財産を所有する「委託者」が、自分の財産を「受託者」に託し、あらかじめ決めた目的に沿うよう、管理や運用をしてもらい、「受益者」が利益を得るという仕組みのことです。

これを利用すると、財産をもつ人が認知症になったとしても、その財産を家族などが自由に動かせるようになります。

一般的な信託は信託銀行が受託者となり報酬を受けて行われますが、家族などが無報酬で行う信託は「民事信託」と呼ばれ、その民事信託が「家族信託®」とも呼ばれているのです。

成年後見制度では、財産の管理を任された成年後見人でも原則として財産の売却や運用はできません。

でも、たとえば父親が委託者、子どもが受託者になる民事信託を組んでおけば、財産の名義が父親の生前から子どもに移り、子どもは自由に売却や運用ができるようになり

民事信託とは？

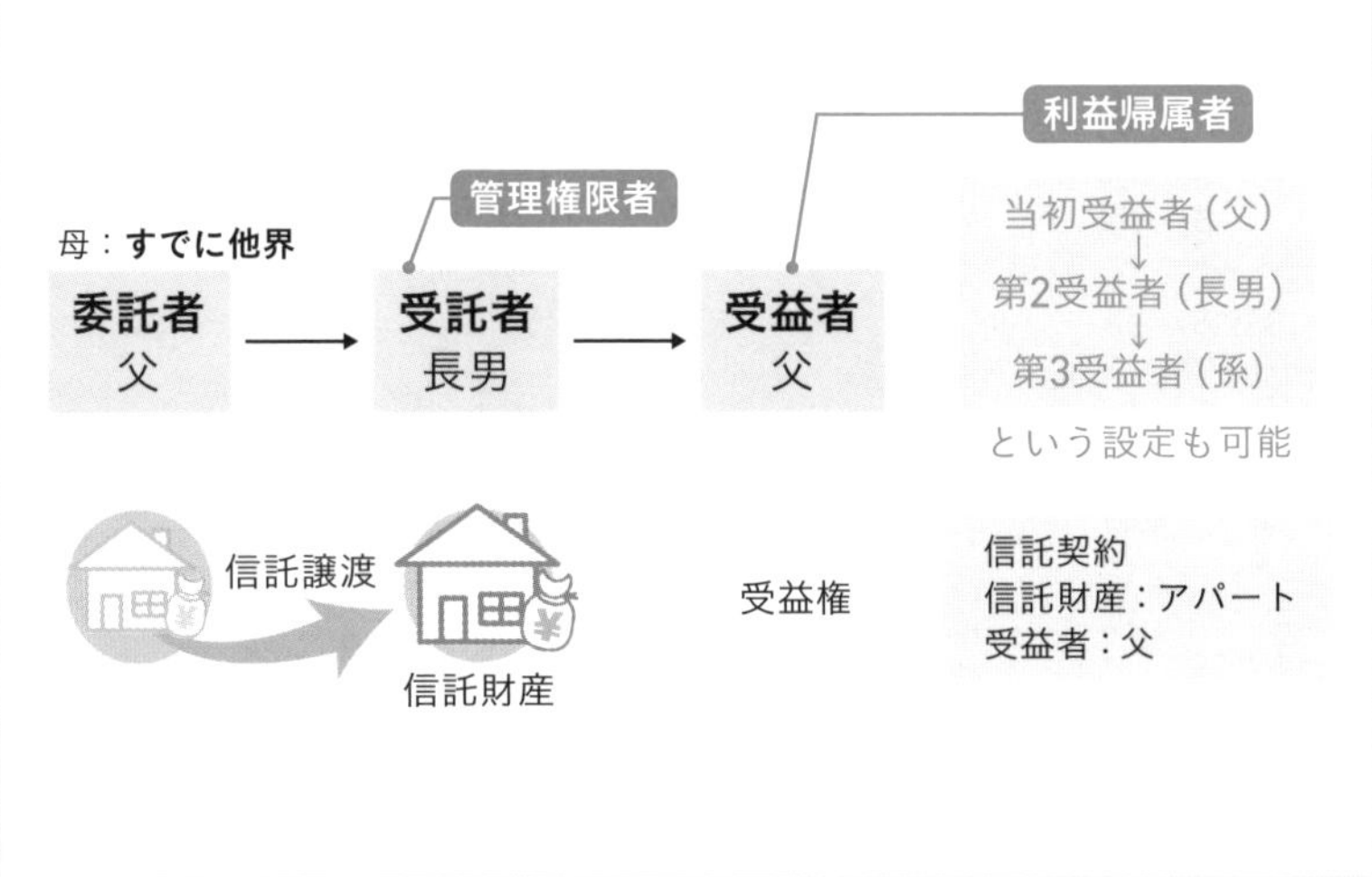

ます。

また、民事信託は、成年後見制度のように家庭裁判所の判断をあおぐ必要がなく、当事者同士で契約を行えるので、その点でも使い勝手がいいです。

民事信託の利用を検討したいのは、**実家の売却が必要になると見込まれるケース**です。

実家を所有する親が認知症になってしまうと、たとえ老人ホームに入るなどして実家が不要になっても親が亡くなるまで売却することができません。でも、実家を民事信託して受託者を子どもにしておけば、子どもが売却の手続きを進められるようになります。

親がアパート経営をしていて、認知症になったあとも管理会社などとの契約が必要になるような場合も、民事信託が役に立つでしょう（右ページの図版参照）。

ただし、民事信託は安易に利用するべきではありません。なぜなら、受託者を任された人にとっては、財産を管理することが負担になってしまうからです。

一般的には親の近くに住んでいる家族が受託者になり、親が死ぬまで財産を管理しますが、任されたほうは「どうして自分ばかりがやらないといけないのか」と不満を抱える恐れがあるのです。

また、受託者の人選を間違えると、財産を使い込まれるリスクがあります。成年後見制度であれば年1回は家庭裁判所に財産目録などを報告する必要がありますが、民事信託はそのような報告義務がなく、財産を受託者名義の口座に移して管理することになるので、〝横領し放題〟になってしまいます。

今は民事信託がちょっとしたブームで、「やったほうがいい」という雰囲気がありますが、注意が必要です。「信じて託す」という言葉の重みを理解し、そもそも民事信託を利用すべきなのか、利用するならば安心して任せられる家族がいるのかをシビアに考えなくてはいけません。

PART 2

「遺言を書く」のがめんどくさい…

家族の争いを避けるための遺言と相続税対策

遺言書はのこしたほうがいい？

…

はい、のこしておくとトラブルが減ります

無知　先ほど認知症の話をいろいろと聞いて、心配になってきました。

国税　実際、認知症になると、相続対策がかなり難しくなりますよね。遺言をのこしたいと思っていたとしても、認知症になってしまうと遺言をのこせなくなってしまう。

前田　実は私自身は、遺言書をのこすことは必須ではないと考えています。ただ、**配偶者や子どもに、どうしても財産の情報を知らせたくない人や、家族関係が複雑な人などは遺言書をのこしたほうがいいです。**その場合は、認知症になる前に手続きをしておかないといけません。

遺言書をのこすべきケース

☑ **財産の大半が自宅の場合**

- ☑ 親の土地の上に、子どもが建物を建てている場合
- ☑ 同居している子どもと、別居している子どもがいる場合
- ☑ 子どもの妻に、介護などで世話になっている場合
- ☑ すでに配偶者が亡くなり、複数の子どもが相続人となる場合
- ☑ 経済的な理由などから、とくに財産を多く与えたい子どもがいる場合
- ☑ 子どもがいない夫婦で、配偶者とともに、親か兄弟姉妹かおい・めいが相続人になる場合
- ☑ 2度以上結婚しそれぞれ子どもをもうけた場合、認知した子どもがいる場合
- ☑ 遺言により、子どもを認知したい場合
- ☑ 事実婚による内縁の妻がいる場合
- ☑ 再婚して妻の連れ子がいる場合
- ☑ 同族会社や個人事業者で、後継者を指定し、株式（事業）を承継させたい場合
- ☑ 相続人以外の世話になった人に財産を与えたい場合
- ☑ 独身の場合

国税　あとで遺産争いが起きそうな場合は、遺言書を作っておくと安心ということですね。

前田　そうです。なかでも遺産争いが起きがちなのが、相続人の構成が「被相続人の配偶者と、被相続人の兄弟姉妹」になるパターンです。つまり、配偶者がいて、子どもや親がいないパターンです。

この場合、**疎遠な関係性のなかで遺産分割の話し合いをするのが普通なので、モメやすい**。でも、「財産は妻（夫）にすべて相続させる」と遺言書にのこしておけば、兄弟姉妹が口を出せなくなるので、トラブルを防げます。

国税 なるほど。遺言書の書き方はいくつかパターンがあると思いますが、それぞれ教えてください。

前田 細かく言うといろいろありますが、**「自筆証書遺言」と「公正証書遺言」の2つの方法を押さえておけば十分**です。自筆証書遺言は自分で書く方法で、公正証書遺言は**「公証役場」**で手続きをして遺言をのこす方法です。

無知 公証役場って、市役所のことですか？

前田 いいえ。公証役場は、公正証書の作成を専門的に行う役所で、「公証センター」とも呼ばれますが、全国各地に約３００あります。インターネットで調べると、最寄りの公証役場がどこにあるかわかりますよ。

無知 知りませんでした。でも、役所の手続きってとにかくめんどくさいイメージがあるんですよね。なんとなく、気軽に作ることができそうなのは、自分で書く自筆証書遺言のように感じますけど。

前田 それは一概には言えません。たしかに自筆証書遺言は、以前と違って財産目録をパソコンで作れるようになったので、ある程度は簡単になりました。

でも、本文の部分は手書きの必要があって、それなりに大変ですよ。もし書き間違えてしまったら、**「○行目 ○字削除 ○字加入」といった説明書きと捺印が必要**になるので。

無知 結局めんどくさそうですね……。

「自筆証書遺言」の記載例（本文は手書きの必要あり）

遺言書

遺言者前田花子は、この遺言書により次の通り遺言する。

第１条　遺言者は遺言者の所有するすべての財産を、長男前田太郎（昭和50年11月18日生）に相続させる。

第２条　本遺言書の遺言執行者として、長男 前田太郎を指定する。

令和６年〇〇月〇〇日
住所　東京都〇〇区
遺言者　前田花子　㊞

自筆証書遺言を訂正する場合（説明書きと捺印が必要）

訂正方法

- 証人不要
- 加除その他の変更は、遺言者が、その場所を指示する変更した旨を付記・署名し、変更箇所に捺印が必要

遺　言　書

第１条　遺言者は遺言者の所有するすべての財産を、長男
前田太郎（昭和50年~~12~~月18日生）に相続させる。本行2字削除
11㊞　2字加入
前田花子

本行というのは同じ行に書かないといけません！

自筆証書遺言VS公正証書遺言　メリット・デメリット

	自筆証書遺言	公正証書遺言
手順	① 全文、日付、氏名を自筆 ② 捺印（認印・母印可）	① 遺言の内容を公証人に伝える ② 公証人が遺言書を作成 ③ 遺言者・証人2人・公証人が自筆署名、捺印（実印）
メリット	• 思い立ったらすぐに作成できる • 作成費用がかからない • 内容を他人に秘密にできる	• 遺言書の内容を伝えるだけで、署名以外は手書きする必要がない • 方式の不備により、遺言書が無効になる恐れがない • 原本は公証役場に保管されるので、偽造・変造・隠匿・破棄の恐れがない • 家庭裁判所で検認を受ける必要がない
デメリット	• **全文を手書きしなければならない** • 方式などに不備があると、遺言書が無効になることがある • 偽造・変造・隠匿・破棄の恐れがある • 相続人に発見されない恐れがある • 家庭裁判所の検認を受ける必要がある	• **証人が２人必要（基本的に親族はなれない）** • 公証役場に出向く必要がある • 作成費用がかかる • 内容を他人に知られる

前田　ただ、自筆証書遺言は、コストがかからない点はメリットです。公正証書遺言の場合、財産の規模により変わりますが、およそ10万円から20万円ほどの手数料がかかります。そのほか、弁護士などに公正証書遺言を作成するサポートをしてもらう費用もあります。

　たとえば、財産が1億6000万円で、子ども2人に8000万円ずつ相続させる場合の手数料は9万7000円。さらにサポートしてくれる専門家に20万円ぐらい支払うので、**およそ30万円程度の費用**がかかるでしょう。

無知　それなりにお金が必要なのですね。うちの両親には財産が1億6000万円もなさそうですが、30万円は、けっこう痛いです。

前田　だから、「費用がもったいないから自筆証書遺言にしよう」とチャレンジされる方は多いのですが、結局書き方がわからないというケースが少なくありません。

国税　それは想像できます。今は遺言書の書き方を説明する本やウェブサイトも多いですが、自分が作ったものに問題がないかは、最後まで不安が残りますよね。

前田先生は2つの方法のうち、どちらがいいと思いますか？

前田　**最終的には、公正証書遺言をおすすめします。**公正証書遺言なら、公証人に内容をチェックしてもらえますし、120歳になるまで原本が保管されるので、紛失や改ざんのリスクが限りなく低く、財産をのこす人の意思を実現させやすいからです。

「自筆証書遺言」と「公正証書遺言」の2つの方法を押さえておけば十分

遺言書はどこに保管しておけばいい？

…同じものを2つ作成しておく

無知　遺言をのこすタイミングは、どう考えればいいですか？

前田　思い立ったらすぐやってください。遺言書を書こうと思っていても、急に亡くなったり、認知症になってしまったりすると、もう不可能になりますから。

これについては、私も過去に痛い経験をしました。クライアントの公正証書遺言を作成する手続きを進めていたのですが、公証役場に行っていただく予定のまさにその日に急逝されたのです。

前日まではとても元気だったのに……。遺言書には、まだハンコが押されていなかったので、ただの紙きれになってしまいました。

国税　それはどうしようもない状況ですね。いくら準備をしていても、法的には何の効果もないので。

前田　そうした事態に備えて**自筆証書遺言をさっと書いておいて、同じ内容の公正証書遺言を作って、あとで手続きをする**。それくらい準備をしておけば万全です。

国税　そういえば、遺言書をのこしても、相続人が知らなかったらマズいですよね。とくに自筆証書遺

便利な保管制度を利用する自筆証書遺言ののこし方

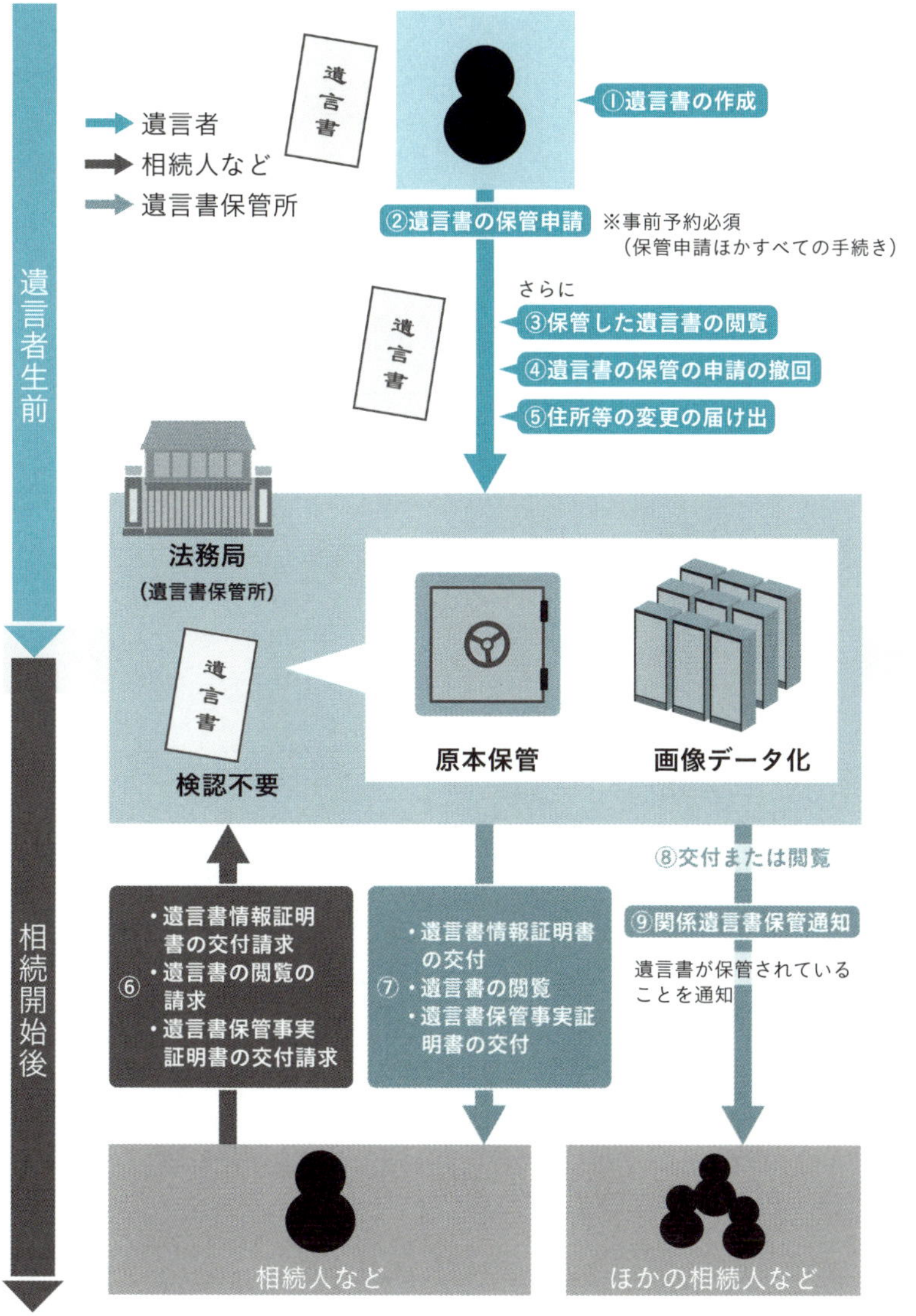

言の場合、見つけてもらえないとどうしようもない。

無知　そうか。誰も遺言書を見つけられないと、せっかく生前にいろいろ考えて遺言書をのこしても、意味がなくなってしまいますよね。

前田　そのとおりです。なので、遺言書をのこすときは、できるだけ**2通同じものを書いて、2カ所に保管しておくといい**でしょう。

無知　2カ所なら、タンスと仏壇、別々に保管しておくとか？

前田　そう考える人が多いのですが、火事などのリスクがあるので、少なくとも1通は耐火金庫で保管してください。そして、相続人が金庫を開けられるよう、暗証番号や鍵を引き継げるようにしておくべきです。

国税　ある程度の資産家になると、銀行の貸金庫を利用している人が多いですよね。

前田　それは注意が必要です。貸金庫を開けるのに**相続人全員の同意と書類が必要になる**ので、手間がかかるのです。遺言書で指定すれば、その人が貸金庫を開けられますが、肝心の遺言書が貸金庫の中では……。

国税　保管場所は慎重に決めないといけませんね。あと、遺言書をどこに保管しているかは、生前に相続人に知らせておいたほうがいいですか？

無知　知らせる人を間違えると、捨てられたり、書き換えられたりしませんか？

前田　そこでおすすめなのが、令和2（2020）年にはじまった**「自筆証書遺言書保管制度」**です。これは、法務局に申請して遺言書保管所に預かってもらうというもので、相続が起きたら相続人に通知してもらうこともできる便利な制度です。

国税 保管制度のことは知っていましたが、通知のことは初耳です。

前田 自筆証書遺言の保管制度は、単に遺言書を保管してくれるだけでなく、さまざまなメリットがあります。まずは、自筆証書遺言が法的に有効な形式になっているかをチェックしてもらい、何か問題があれば教えてもらえることが第一のメリットです。

無知 僕のようなド素人だと、役所の人にチェックしてもらえるのは安心です。

前田 ただし、あくまで形式やルールのチェックにしかすぎず、内容が正しいかや、その遺言で相続後の登記手続きができるかなどのチェックまではしてもらえませんので、注意が必要です。細かい点までチェックしてもらうなら、弁護士などにサポートしてもらったほうがいいですね。

無知 わかりました。ちなみに保管制度を使うとき、お金はかかるのですか？

前田 **手数料は、遺言書1通につき3900円**かかります。保管期間をこちらから設定することはできませんが、**原本なら遺言者が亡くなってから50年間、画像データは150年間**となっているので、十分だと思います。

無知 十分すぎますね。自宅で遺言書をなくす心配もないですし、かなり便利そうです。

Point!
「自筆証書遺言書保管制度」はいろんな利用メリットがある

「自筆証書遺言書保管制度」のメリットは？

遺言書の存在を知らなくても通知してもらえる…

前田　メリットは、ほかにもありますよ。通常、自筆証書遺言は相続開始後、開封時に家庭裁判所で裁判官が立ち会う**「検認」**の手続きが必要なのですが、保管制度を使うと、その検認を省略できます。

さらに、相続開始後に、相続人は法務局で遺言書を閲覧したり、遺言書の情報の証明書をもらったりすることができるので、わざわざ原本を見に行かなくてもよくなります。

国税　先ほど保管制度を使うと、相続人に通知されるというお話がありましたが、その点をもっと詳しく教えてください。

前田　自筆証書遺言書保管制度を利用した被相続人が亡くなったあと、相続人の誰か1人が遺言書の閲覧をしたら、ほかの相続人全員に対して通知が届くルールになっています。なので、遺言書の内容を見た相続人が、**「これは自分にとって不利な遺言書だから、ほかの相続人には隠しておこう」と思っても、それは不可能です**。

無知　遺言書が握りつぶされるリスクがなくなるのは、いいですね。

前田　また、遺言者があらかじめ希望すれば、自分が亡くなったあと、指定した人に遺言書が保管されていることを通知してもらえます。

法務局が戸籍担当部局と連携して遺言者の死亡を確認した場合、指定された人に通知をします。遺言者1人につき1人しか指定できませんが、役立つ場面はあると思います。通知を受けた人が閲覧すると、ほかの相続人全員に通知がいくことになりますので。

国税　ということは、生前に遺言書の存在を誰かに知らせておかなくても、手続きをしておけば死後にきちんと通知してもらえるわけですね。手続きはどうすればいいのですか？

前田　遺言者がする手続きと、相続人がする手続きがありますが、ここでは前者を説明しておきましょう。たとえば、親から子に向けて遺言書をのこす場合、親がやるべき手続きを説明しますね。

親が最初にやらないといけないのは、自筆証書遺言を書くこと。こればかりは法務局にお任せできないので、自分でやるか弁護士などに相談しなくてはいけません。

遺言書が完成したら、保管の申請をする法務局を決めます。これは、**「遺言者の住所地」「遺言者の本籍地」「遺言者の所有する不動産の所在地」のいずれかを管轄する法務局**から選べます。

あとは、保管申請書に必要事項を記入し、添付書類と手数料を添えて保管申請をします。このときは予約が必要なので、いきなり窓口に出向かないようにしてください。

ひととおり手続きが終わると、保管した遺言書を特定するための情報が書かれた**「保管証」**というものをもらえます。この保管証は再発行できないので、紛失しないようにしなければなりません。保管証をもらうところまでいけば、手続きは完了です。

国税 ちなみに、一度預けた遺言書を書き換えたくなったら、どうすればいいのですか？

前田 その場合、遺言書保管所に指定した法務局で、保管申請の撤回をすると、預けておいた古い遺言書の返還をしてもらえます。そのうえで、あらためて自筆証書遺言を作って、保管申請をすれば新しいものが保管されます。

気をつけたいのは、**保管申請の撤回をしたからといって、その遺言書の効力がなくなるわけではない**ということです。

無知 どういうことですか？

前田 保管申請の撤回は、あくまでも保管制度の利用を止める手続きです。遺言書そのものの効力を消したいのであれば、新しい遺言書を作るか、撤回して回収した遺言書を破棄しなくてはいけません。

Point!

自筆証書遺言を書いて保管を申請する法務局で手続きを

遺言書を書くのはめんどくさい？

…遺言書は財産を完全に把握していなくても書ける

国税　遺言の手続きについてはかなり理解できました。次に、「遺言書の中身」についてのアドバイスをお聞きしたいです。

前田　**よくある勘違いに「遺言書を書くには、財産をすべて把握しないといけない」**というものがありますが、実際はそんなことはなく、大まかに財産を把握した段階で遺言書を書くことも可能です。

預金などの主な財産は誰に相続させるかを細かく指定して、**「そのほかの財産は○○に相続させる」**といった記載をしておけば、あとから見つかった財産についても、遺言の効力が及びます。

もちろん、できるだけ財産を把握しておいたほうがいいのですが、100%把握していなくても問題はありません。

無知　遺言書を作るハードルが下がった気がします。なんとなく、貯金箱の小銭とか、服とか、そんな細かいものまで書く必要があると思っていました。とりあえず、預金や不動産などを誰に渡すかについて、遺言書に書いておくといいのですね。

前田　はい。ただ、相続財産の内容はどうしても変化するので、前にお話ししたように、可能であれば年1回は財産目録を見直して、遺言書を作り直したほうがいいです。

たとえば、子ども2人に平等に財産をのこそうとして、「長女にはA銀行の普通預金500万円を、長男にはB銀行の普通預金500万円を相続させる」という遺言書を書いたとします。でも、そのあとに金額が変動すれば、偏りが出てしまいますからね。

そのような調整がめんどくさいのであれば、**「預金は長女と長男に半分ずつ相続させる」**といった書き方で遺言をのこしておくといいでしょう。

国税　不動産はどう分けるべきですか？　相続の本や記事などを読むと、「不動産を共有で相続（共有分割）すると困る」といった話がよく出てきます。

無知　共有で相続するとは？

国税　たとえば無知さんの実家の土地を、兄弟3人で3分の1ずつの所有権で分ければ、共有で相続したことになります。

前田　共有で相続するのが問題になるかは、ケースバイケースです。共有にしても問題ないのは、売ることが決まっている場合ですね。たとえば、土地を相続人3人で3分の1ずつ相続して、3000万円で売れたら、これを1000万円ずつ分けるといったようなことであれば問題ありません。

しかし、**売る予定のない土地については、共有分割を避けたほうが無難**です。とくに、実家の土地・家屋に相続人の誰かが住み続けるようなケースでは、住む人が単独所有したほうがいいです。もし共有にすると「住み続けたい人」と「早く売却したい人」で意見が割れてしまうことがありますから。

国税　ほかに遺言についての注意点はありますか？

前田　遺言をのこすなら、**遺産相続の法律（民法）で定められた最低限保障されるとり分である「遺留分」のルールは理解しておいたほうがいい**です。相続人ごとに最低限度の遺産の取得を保障する「遺留分」として認められていますから、遺留分を侵害しないように遺言書を書く必要があります。

たとえば、法定相続人が妻と子ども1人という場合、妻と子はそれぞれ4分の1の遺留分が認められます。そのため、**「全財産を妻にのこす」という遺言書を書くと、子の遺留分を侵害することになりますから、子から妻に遺留分に相当する金銭を請求することができます**。

無知　じゃあ、僕の実家の相続のとき、僕が1円も財産を相続できないような遺言書が出てきたとしても、遺留分はもらえるわけですね。

前田　はい。ただ、遺留分をあとで精算するのはいろいろとめんどうなので、最初から遺留分を侵害しない内容で遺言書を書くか、あらかじめ相続人の納得を得るようにしておくといいです。

ちなみに兄弟姉妹が相続するときは、遺留分のことを考える必要はありません。実は、**兄弟姉妹には遺留分は認められていない**のです。たとえば法定相続人が配偶者と兄弟姉妹だったときは、「財産はすべて配偶者に相続させる」という遺言書をのこしておけば、そのとおりに相続されます。

国税　遺留分などのルール的には問題なくても、遺言書の書き方によっては、あとでモメる可能性がありますよね。

無知　何年も前のことですが、サスペンスドラマで見た気がします。遺言の内容を見た家族がモメて、殺人事件になってしまうストーリーだったような……。

相続人のパターンごとの「法定相続分」と「遺留分割合」

相続人のパターン	※総体的遺留分割合①	法定相続分②	遺留分の割合①×②
配偶者のみ	1/2	1	1/2
配偶者＋子ども1人	1/2	配偶者 1/2 子ども 1/2	配偶者 1/4 子ども 1/4
配偶者＋子ども2人	1/2	配偶者 1/2 子どもA 1/4 子どもB 1/4	配偶者 1/4 子どもA 1/8 子どもB 1/8
子ども1人のみ	1/2	1	1/2
子ども2人	1/2	子どもA 1/2 子どもB 1/2	子どもA 1/4 子どもB 1/4
配偶者＋親1人	1/2	配偶者 2/3 親 1/3	配偶者 1/3 親 1/6

※「総体的遺留分」とは、遺留分権利者全体が相続財産全体に対して有する遺留分の割合

前田　そうなんです。法律や、相続税などの問題も大事ですが、それ以上にのこされた家族の気持ちに配慮することが大切です。**財産の分け方を愛情と結びつけて考えてしまって「財産をもらえない＝愛されていない」と不満や悲しみをもつ人は非常に多い**ですから。

無知　もしも僕の両親が、財産はすべて兄貴に相続させるような遺言書をのこしていたら、たしかにショックを受けるでしょうね。お金どうこうの問題以前に、「親を怒らせるようなことをしたっけ？」と感情的に引きずりそうです。

前田　そう感じるのは無理もありません。だから、遺言書をのこすときには、単に財産の分け方だけでなく、メッセージも書いておくことをおすすめしています。

遺言書には**「付言事項」**といって、メッセージを書けるところがあります。財産の分配の指定とは別に、なぜこのような分配にしたのかという理由や、家族への感謝などを記載するのです。

理由や想いをしたためておけるので、不公平感をカバーするためにも、きちんと書いておくといいですね。

Point!

遺言書には財産の分配とともにメッセージも書いておく

生前にやっておくべき相続税対策は？

…①生命保険、②小規模宅地等の特例、③生前贈与

無知　相続に関して生前にやっておきたい手続きについて、いろいろと教えてもらいましたが、やはり相続税のことも気になります。

国税　私は国税職員として相続税申告を目にしてきましたが、やはり**生前の対策を打っておくかどうかで、税金の負担がまったく変わってくる**と感じます。

前田　それは間違いないです。相続税は相続開始日（通常は被相続人が亡くなった日）の財産などに応じて税額が決まるので、死後にできる対策はほぼありません。だから、相続税がかかる見込みがあるなら、**必ず生前に対策を打っておくべき**です。

　私がクライアントによく言っているのは、**「相続税は借金」**ということです。自分には借金がないと思っている人は多いのですが、相続税は死後に払う義務があるので借金と同じなのです。期限内に払えなければ「延滞税」がついて、差し押さえを受ける可能性もあるので、相続税には真剣に備えておかないといけません。

無知　それでは、前田先生がとくにおすすめする、生前にやっておくべき相続税対策を教えてください。

前田　生前から考えておくべき節税方法は、**①生命保険を使う方法、②小規模宅地等の特例を使う方法、③生前贈与を使う方法**の3つです。

優先度もこの順番で、まずは生命保険を使った方法がもっとも手軽なのでおすすめです。これら3つの対策をしておけば、**ほとんどのご家庭で十分な相続税対策ができる**でしょう。

国税　この3つだけで、ほかの節税方法は考えなくてもいいですか？　「配偶者の税額軽減特例」（以下、配偶者控除）とか、養子縁組や不動産を活用した節税方法とか、いろいろあると思うのですが……。

前田　配偶者控除はぜひ活用したい制度ですが、戸籍上の配偶者が相続すれば使えるシンプルな制度なので、**生前に特別な準備をする必要はありません**。養子縁組や不動産を活用する方法はたしかに節税効果はありますが、一般の人はあまり考えなくてもいいと思っています。

国税　それは、なぜですか？

前田　税理士にしては珍しいと思いますが、私は相続税の節税を第一に優先すべきことと考えていません。相続税を抑えることも大事ですが、それ以上に、めんどうなことなしに円満な相続を実現することが大事だと思っています。

その意味で、**養子縁組や不動産による節税対策は、積極的にはおすすめできない**のです。

たしかに養子縁組をすれば、相続税の基礎控除額が増えるなど節税効果はあります。でも実際のところ、養子縁組ってそんな単純な問題ではありませんよ。相続人が増えるわけですから、遺産分割でモメる可能性が高くなりますし、養子縁組によって名字が変わってしまう可能性もある。

国税　国税職員だった頃に聞いた話ですが、昔は養子を増やせば増やすほど相続税を減らせたので、資産家のなかには何十人も養子をもうけた人がいたそうです。**今は相続税の計算に反映させられる養子の数が、実子がいる場合は1人、実子がいない場合は2人に限られます**が、昔はそうした制限がなかったですから。

無知　お金持ちはやることがダイナミックですね。僕は相続税対策をするほどお金持ちではありませんが、節税のために養子縁組するなんてことは考えたこともありません。子どもになんて説明したらいいのかわかりませんし。

前田　それが正常な感覚ですよ。昔の人のように養子を何十人ももうけると、家族の関係がすごく複雑になってしまいます。たとえ一時的に相続税を抑えられたとしても、そのあとの家族関係などに及ぶ影響は計り知れません。

　相続税の節税のために養子をもうける人は、「この子は財産がほしいなんて主張しないから、実子と遺産争いにならない」と思っているのでしょうが、人間の心は変わっていくものです。いざ相続の場面となり、具体的な財産が明らかになれば、養子も財産がほしいと主張するかもしれません。そうなると相続は〝家族の争い〟になってしまいます。

Point!

養子縁組による相続税の節税対策はいろんなリスクをはらんでいる

不動産を使った相続税対策は有効？

「タワマン節税」に税務署が目を光らせている…

国税 不動産を使った相続税対策も、前田先生はおすすめしないのですか？

前田 そもそも、なぜ不動産が相続税対策になるかというと、**不動産の「時価」と、相続税を計算するときの「評価額」にズレが生じる**からです。たとえば7000万円で買った不動産が、相続税を計算するときは5000万円で評価されるとしたら、現金で7000万円をのこすより、不動産にしてのこしたほうが相続税は少なくなるという理屈です。

国税 とくに都心のタワーマンションを買って賃貸すれば、時価と相続税の評価額に大きな差があるので、**「タワマン節税」**などと呼ばれていますよね。

無知 現金をタワマンに代えるだけで節税できるのなら、相続税対策としてよさそうですが、実際は違うんですか？

前田 賃貸不動産を買うなら、きちんと収益が見込めるか検証しなくてはいけません。たとえ相続税の節税になっても、空室になって家賃収入が入ってこないような物件に投資してしまうと、単なる損失ですからね。
それに、買う不動産の価格が適正かという問題もあります。たとえば「相続税対策になりますよ」と不動産会社からもちかけられて7000万円のタワマン1室をローンを組んで買ったのに、これを売ろうとしたら半値しかつかないとなれば、相続税の節税効果など吹っ飛んでしまいます。
アパートやマンションを買って、入居者に貸すということは、大家になるということです。購入費に対してどれくらいの家賃収入が見込まれるのか。修繕費や管理費などは、どれくらいかかるのか。そういったさまざまなことを考えずに買うと、痛い目にあいますよ。

国税 たしかに不動産を買うのも投資ですから、節税効果の前に費用対効果をシビアに見極めないといけませんね。

前田 それに、国税さんもご承知のとおり、タワマンの賃貸不動産を使った相続税対策には税務署も目を光らせていますよね。

国税 はい。タワマンの賃貸不動産を使った相続税対策をした納税者に対して、税務署が**「時価で不動産を評価して相続税を計算すべきだ」**と判断するケースが実際に起きています。これについて納税者と国が訴訟になるケースもあり、2022年4月には最高裁判決で国側が勝訴しました。

前田 そのように国税が判断すれば相続税対策の効果はなくなりますし、かえって追徴をくらう可能性さえあります。なので、そんなリスクを負ってまで不動産を買う必要があるかと問われれば、やはり疑問なのです。

また、2024年1月1日から区分所有マンションの相続税評価額を時価の6割未満にできないルー

ルに変更され、タワマン節税の効果は小さくなりました。

数十億円単位の資産をもつ人であればまだしも、相続税が少しかかるくらいのご家庭であれば、そのような節税方法はやめておいたほうがいいと思います。

先ほど挙げた3つの節税方法（①生命保険、②小規模宅地等の特例、③生前贈与）を順番に利用すれば、ほとんどの方は十分です。

Point!

不動産投資は節税効果の前に費用対効果をきちんと見極める

生前の相続税対策は何ができる？

①生命保険～ほぼノーリスク「一時払い終身保険」

無知　それでは、前田先生がおすすめする３つの相続税対策を１つひとつ、詳しく教えてください。まずは生命保険でしたよね。保険っていろいろな商品があるので、何をどうしたらいいのか、さっぱりわかりません。

前田　相続税対策に効果があるのは「生命保険」ですが、基本的に3種類しかありません。

生命保険の3つの種類

定期保険：期間が満了すると保障がなくなるかけ捨ての生命保険
養老保険：満期になるまでは保障されるが、満期になると満期金がおりる生命保険
終身保険：満期がなく死ぬまで保障される生命保険

無知 では、相続税対策のためには、この3つに当てはまる生命保険を探すようにすればいいですね。

前田 はい。なかでも**相続税対策として使い勝手がいいのが、「一時払い終身保険」**というタイプの保険商品です。シンプルに説明すると「1000万円の保険料を払っておいて、死亡したら1000万円ちょっとが支払われる」という保険です。これで一時的に預金を減らしておけば相続税が減りますし、あとでちゃんとお金が戻ってきます。

国税 ただ、保険の税金って複雑ですよね。保険の相続税申告は勘違いが多くて、私もよく相続税調査で間違いを指摘していました。国税庁ホームページでも誤りの多い事例として挙げられています。

前田 そうなんです。相続税対策として保険に入るときは、**「被相続人が契約者（保険料負担者）であり、なおかつ被相続人が被保険者になっている生命保険」**でなくてはいけません。

どういうことかというと、相続税対策の保険は、被相続人が自分自身に保険をかけて、その保険料を負担するわけです。たとえばお父さんが、自分が亡くなったときの相続税対策をしようと思うのなら、お父さん自身が被保険者（保険がかけられている人）になる保険契約をしておくのです。

そうすると、相続税を計算するとき、死亡保険金の非課税枠を使えるようになります。この非課税枠は、**「法定相続人の数×500万円」**で計算するので、たとえばお母さんと長男が法定相続人であれば、非課税枠は1000万円となるわけです。

国税 私が国税職員だった頃、相続税がかかる資産家の多くが生命保険に入っていました。たくさんお金があれば生命保険に入る必要はないだろうと思ってしまいますが、節税目的なのでしょうね。

前田 そうだと思います。あとで説明する生前贈与を使った節税方法は、数年がかりで行う必要がある

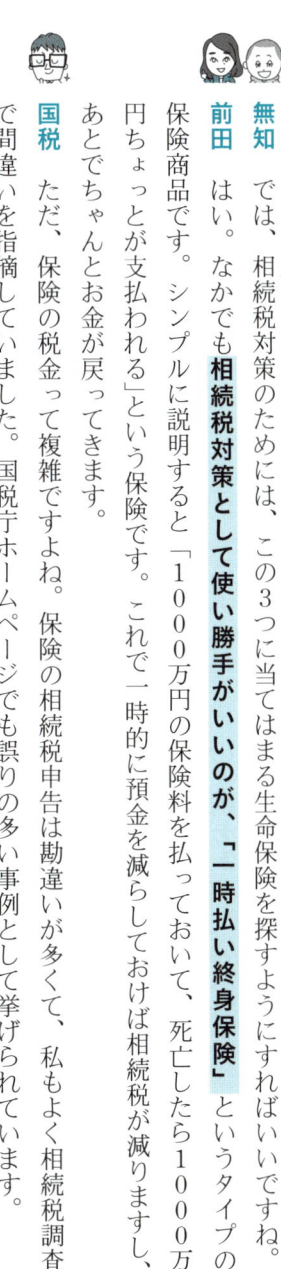

生命保険を使った死亡保険金の非課税枠の獲得方法

終身保険を使って、非課税枠500万円×法定相続人の数を獲得する！

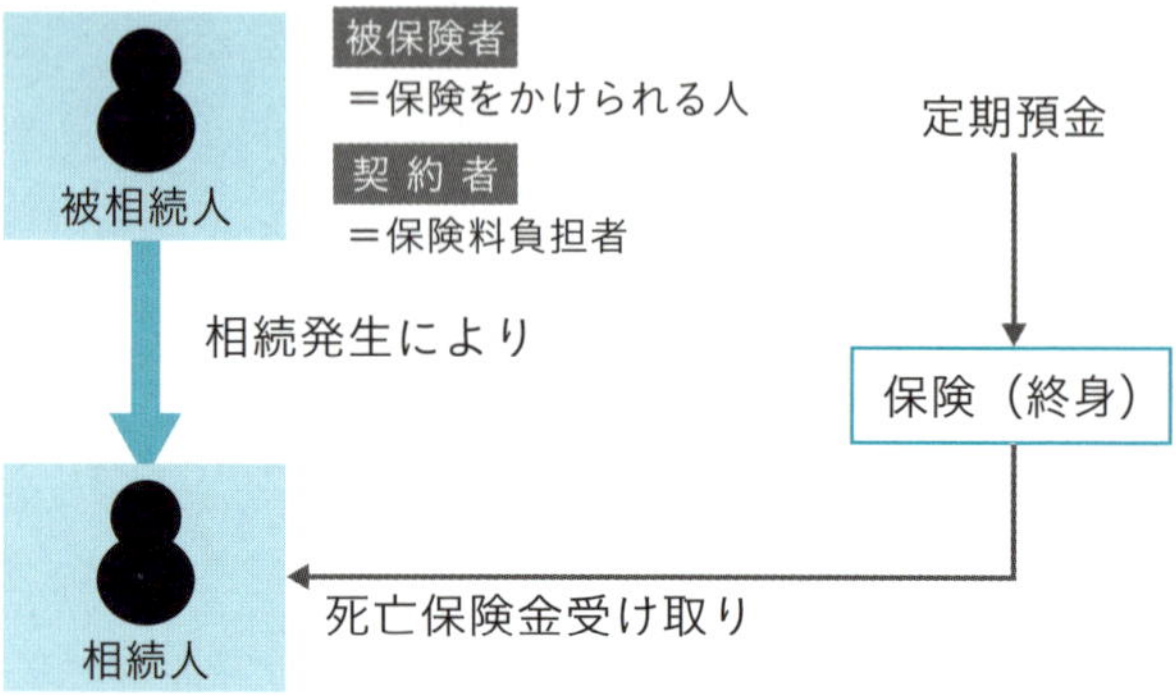

定期預金が保険契約（終身）へ形を変えるイメージ

のですが、**保険は契約するだけなので即効性があるのが魅力**なんです。

無知　ちなみに死亡保険って、高齢になっても簡単に入れますか？

前田　加入できる年齢に上限が設けられているものが大半ですが、80代で加入できるものもありますよ。ただ、年齢が上限に達していなくても、健康状態で加入を断られる可能性がありますし、**「まだ相続対策は不要」とのんびりしているうちに保険に入れなくなるかもしれません**から、早めに入っておくといいですね。

保険会社によっては、加入するための条件が緩い商品があったりしますので、詳細は保険会社に確認することをおすすめします。

Point!

相続税対策の保険は被相続人が自分に保険をかけて保険料を負担する

相続税対策にならない保険って？

誰が保険料を払って、誰が保険金を受けとるか？

国税　保険の契約状況によっては、相続税対策にならないこともありますよね。そのあたりもお聞きしたいです。

前田　保険に関する税金のルールはけっこう複雑で、契約内容などによって「所得税」「贈与税」「相続税」の3つの税金に分かれます。そのため、相続税対策のために保険に入ったつもりが、贈与税の申告納税を求められることもあり得ます。

無知　それは難しそうですね。僕みたいな素人でも、理解するコツはありますか？

前田　保険金の税金を判別するときは、**「誰が保険料を払って、誰が保険金を受けとるか」**ということを確認するのが早いです。

所得税がかかるのは、「保険料を支払った人自身が、保険金を受けとる場合」です。たとえば、「お父さんが亡くなったときの保険」に子どもが加入して保険料を支払っていたとしましょう。そうして実際にお父さんが亡くなったら、子どもが保険金を受けとりますよね。

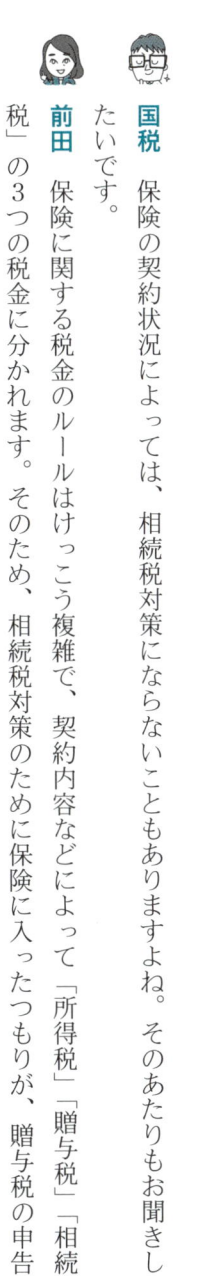

被保険者と保険料負担者によって変わる生命保険の税金

被保険者	保険料負担者	受取人	かかる税金
被相続人	被相続人	子ども	相続税
	子ども	子ども	所得税（一時所得）
	配偶者	子ども	贈与税（配偶者から子へのみなし贈与）

このように、**保険料を払った人が保険金を受けとる場合、相続税ではなく所得税がかかります**。お金の流れからすると、自分の資金を運用したイメージですね。

国税　そうすると相続税の節税にはつながらないですね。贈与税になるケースは？

前田　これはやや複雑なのですが、**「被保険者（保険がかけられている人）」「保険契約者（保険料負担者）」「保険金の受取人」がすべてバラバラになる場合**です。

お父さんが亡くなったときのために、お母さんが保険契約をして、受取人を長男にしていたような場合をイメージしてください。すると、お金の流れからすると、お母さんがお金を出して、お父さんが亡くなると、長男がお金をもらう形になるじゃないですか。そうすると、**お母さんから長男に贈与があったとみなされて、贈与税の対象になるんです**。

国税 相続税の節税をするなら、亡くなった被相続人自身が、生命保険の被保険者（保険がかけられている人）であり、保険契約者（保険料負担者）になっていなければならないのでしたよね。

前田 はい。ここで注意が必要なのが、**「相続税の対象になるけれど、非課税枠を使えない」というケースが2つある**ことです。

1つは、**「相続人以外の人」が保険金の受取人に指定されていた場合**です。たとえば孫や相続人の配偶者など、相続人以外の人が保険金を受けとる場合は非課税枠を使えません。

もう1つは、**「亡くなった人が被保険者ではない保険」が相続税の対象になる場合**で、こちらも非課税枠を使えません。たとえば、お父さんが、お母さんを被保険者にする生命保険をかけていて、お父さんが先に亡くなったような場合です。

無知 ええっと、頭が混乱してきました……被保険者（保険がかけられている人）であるお母さんはまだ亡くなっていないので、保険金は出ないですよね。それでも相続税がかかってしまうのはひどくないですか？

前田 たしかに、まだ保険事故が起きていないので保険金は出ませんが、保険の〝権利〟としての価値があります。その権利を相続人が引き継ぐことになるので、相続税がかかるのです。

たとえば無知さんがお父さんから、「10年後に満期になる定期預金」を相続したと考えてください。その定期預金は満期になるまで使えませんが、財産としての価値はありますよね。亡くなった人が被保険者ではない保険も、同じようなイメージなのです。

国税 話をまとめると、相続税対策のためには、**「被相続人が保険契約者（保険料負担者）で、なお**

かつ被保険者（保険がかけられている人）になっている生命保険」に入る。そのなかでも「一時払い終身保険」が使い勝手がいい、ということですね。

前田　バッチリです！

Point!

相続税対策には被相続人が自分に保険をかけて自分で保険料を支払う一時払い終身保険がおすすめ

生前の相続税対策は何ができる？

②小規模宅地等の特例～自宅の敷地は8割引き！

国税　次におすすめの相続税対策が「小規模宅地等の特例」ですが、これは被相続人が利用していた宅地の評価額を下げる制度ですよね。宅地の用途に応じて「居住用」「事業用（貸付用含む）」の2つのパターンがあって、相続するシチュエーションによって、評価額の減り具合が違ってくる。

無知　情報が多すぎて、また頭が混乱してきました……。

前田　細かいルールを理解しようとすると、頭が混乱してしまいます。ほとんどの場合は「居住用」を利用するので、これに絞って説明することにしましょう。

無知　そのほうが身近でわかりやすいですね！

前田　**亡くなった被相続人が住んでいた自宅の敷地を相続する場合、その敷地の面積が330㎡までなら評価額が80%減額されます。**330㎡といえば、ほぼ100坪ですね。たとえば、本来は1億円の評価額の土地なら、特例を使うと評価額が2000万円になるというイメージです。

国税　それだけ評価額が下がると、このケースであれば少なくとも1000万円ぐらいは節税できます

ね。これは絶対に利用したい制度です。

無知　この特例を使うには、生前から備えておいたほうがいいのですか？

前田　はい。小規模宅地等の特例には、いくつか要件があります。**「どのような宅地を、どのような人が相続するか」によって特例を使えるかが決まります**から、生前から特例を使えるように準備しておくことが大事です。

まずは、どのような宅地が対象になるかというと、基本は被相続人が亡くなった時点で住んでいた自宅の敷地です。ただ、要介護認定を受けて老人ホームに入居していた場合や、同一生計の親族が住んでいた場合など、例外的に被相続人が自宅を離れていても使えるケースがあります。

国税　被相続人が自宅を出て賃貸に出したりすると、特例を使えなくなりますね。

前田　そうです。なので、特例を活用する観点からすると、仮に老人ホームに入ることが決まったからといって、賃貸に転用するのは避けたほうがいいです。ただし、**賃貸の場合には、小規模宅地等の特例の「貸付用」に該当するので面積が200㎡までは50%の減額が可能**となります。

国税　特例をフル活用するなら、基本的には「家に所有者が住んでいる状態」で相続が起きるのを待ったほうがいいですね。

Point!

「小規模宅地等の特例」の活用は家に所有者が住んでいる状態が条件

小規模宅地等の特例を活用するときの注意点は？

…誰が相続するかによって変わる

前田　次に、「相続する人」に関する条件ですが、これは**「配偶者」「同居親族」「別居親族」のうち、誰が相続するかによって変わります**。ここからは、亡くなった被相続人が生前に住んでいた自宅を相続することを前提に説明したいと思います。

配偶者が相続するなら、ほぼ無条件で小規模宅地等の特例を利用できます。内縁の妻は認められませんが、戸籍上の配偶者が相続するのであれば、とくに生前に準備することはありません。

国税　同居親族の場合はどうでしょう。

前田　その場合、**相続開始の直前から、相続税の申告期限まで、特例を使う自宅に同居親族が住み続け、所有していなければいけません**。

相続税の申告期限は、相続があったことを知った日の翌日から10カ月以内です。この期間が過ぎるまでに相続した家を売ったり、転居したりすると、小規模宅地等の特例を使えなくなるので、生前からこのルールを相続人に伝えておきましょう。

国税　そこまで難しい条件ではないですね。これまでそこに住んでいた人は、そのまま住み続ければ大丈夫ということですから。

無知　そういうことか。「親の介護が終わったから、好きな場所に引っ越そう」という人は、気をつけないといけないですね。でも、住民票を移さなければ、引っ越してもバレないような気もしますが。

前田　それはやめておいたほうがいいです。国税さん、税務調査でチェックされますよね?

国税　はい。実際に、**一時的に住民票を移して「住んでいた」と装っているケース**はあり、私も国税職員として、そういうケースを調査したことがあります。水道光熱費の利用状況を調べたり、近隣の人に聞き込みをしたりして、実際に住んでいたのかどうかを検証しました。

　もしも小規模宅地等の特例を使うために、意図的に住所を偽ったとなれば、**「重加算税」**というもっとも重いペナルティが科されます。

無知　やっぱり国税を甘くみちゃいけませんね。

前田　私のところにも、「住民票だけ移しておけばいいですよね?」といった質問がたまにきますが、**「税務署は実態で判断するので形だけ整えても特例は使えません」**と毎回お答えしています。

無知　では次に、別居親族が相続するケースについて教えてください。

前田　**これは配偶者や同居親族が相続する場合に比べてかなりハードルが上がります。**

　厳密には細かな条件はあるものの、わかりやすくまとめて言えば、次の3つの条件を満たさなければいけません。

別居親族が小規模宅地等の特例を利用するための3つの条件

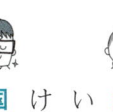

① 亡くなった被相続人に配偶者や同居親族がいない
② 相続する人が、相続前の3年間は持ち家を所有せず、賃貸住まいをしている（※）
③ 相続した土地・家屋を、相続開始時から相続税の申告期限まで所有している

※相続前の3年以内に、相続する人の配偶者や3親等内の親族、特別の関係がある一定の法人が所有する家屋に居住していた場合も、小規模宅地等の特例を利用できません。

無知　①の条件は、たとえば親が1人暮らしで亡くなったということですよね。その実家を、賃貸住まいの相続人がもらえば②はクリア。③は相続税の申告期限が10カ月以内だから、それまで持ち続けておけばいい。

国税　引っかかりそうなのは②の条件ですね。家族のなかで、この条件を満たす人に相続させないと、特例を使えなくなってしまいます。たとえば、長男と次男が相続人で、長男は持ち家があって、次男は賃貸住まいだったら、次男が相続したほうがいい。

前田　節税の観点でいえば、それが正解なのですが、それで長男が納得するかは別問題ですよね。「税金的に得だから、実家は自分が相続するべきだ」と次男が当然のように主張しても、長男としては納得できないので反対する可能性が高いです。

相続税はあくまで相続の一要素にすぎませんから、みんなが納得できる形を考えてください。

そのうえで、利用できるのであれば小規模宅地等の特例は、ぜひ活用しましょう。

Point!

「小規模宅地等の特例」を活用するにしても偽装や親族争いのないように

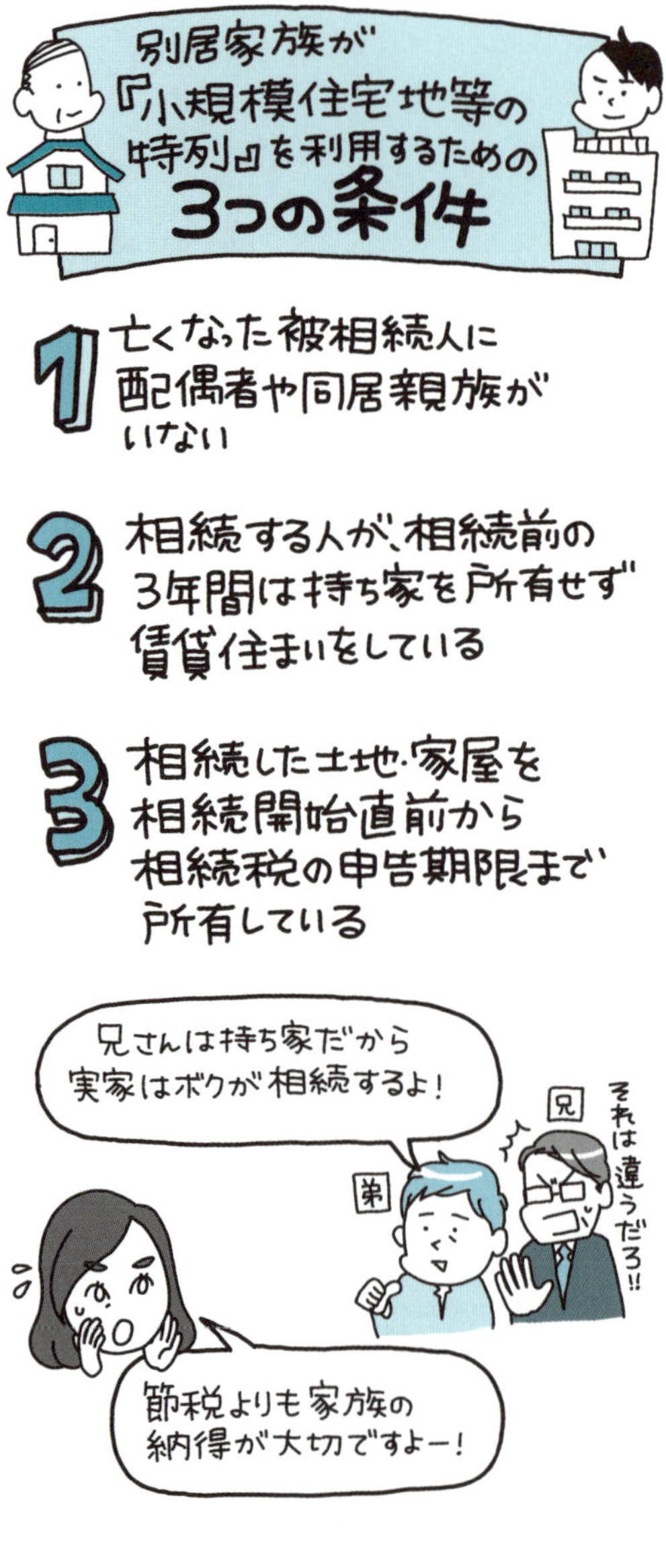
別居家族が『小規模住宅地等の特列』を利用するための3つの条件
1 亡くなった被相続人に配偶者や同居親族がいない
2 相続する人が、相続前の3年間は持ち家を所有せず賃貸住まいをしている
3 相続した土地・家屋を相続開始直前から相続税の申告期限まで所有している
兄さんは持ち家だから実家はボクが相続するよ！
兄
弟
それは違うだろ!!
節税よりも家族の納得が大切ですよー！

生前の相続税対策は何ができる？

…③生前贈与～法改正で7年持ち戻しに

無知　3つ目の相続税対策が、「生前贈与」ですね。優先度が3番目になるのは、なぜですか？

前田　注意点がいろいろとあるからですが、まずは生前贈与のメリットから説明しておきましょう。

そもそも**生前贈与とは、ある財産を無償で相手方に贈ると意思表示をして、相手方がこれを承諾することによって成立する民法上の契約の一種**です。簡単にいえば、「あげます」「もらいます」という合意があれば、生前贈与ができるわけです。

生前贈与が相続税対策になるのは、相続税の課税対象となる財産を直接減らせるからです。単純にいえば、生前に子どもに累計1000万円を贈与しておけば、相続税がかかる財産の金額を1000万円減らせるので、ダイレクトに節税につながります。

国税　ただ、生前贈与をすると、もらった人に贈与税がかかりますよね。

前田　そうです。贈与税は税率が高いので、やり方を間違えると、相続税の節税が無意味になるほど多くの贈与税を納めることになってしまいます。

無知　じゃあ、意味がないじゃないですか!?

前田　そこで意識したいのが、**「贈与税のかからない範囲で生前贈与をする」**ということなんです。

贈与税には**「暦年課税」**と**「相続時精算課税」**という2つの課税方法があります。相続時精算課税制度はのちほど説明するとして、まずは暦年課税制度について説明しましょう。

暦年課税制度で贈与税を計算する場合、年間１１０万円の基礎控除があります。つまり、その人が**1年間で受けた贈与が110万円以内であれば、贈与税がかからない**ということです。この場合、贈与税の申告自体する必要がないので、手間もかかりません。ちなみに、平成12（２０００）年までは年間60万円でしたが、平成13（２００１）年から現在まで年間１１０万円で継続しています。

国税　１１０万円というと、それほど大きな影響はなさそうに思えますが、やり方次第ですよね。

前田　はい。年間１１０万円ですから、**毎年10年間続ければ1100万円を贈与税なしで生前贈与できます**。もし、子ども3人に10年かけて１１０万円ずつ贈与するなら、合計３３００万円を贈与でき、相続税のかかる財産を大幅に減らせます。

国税　それだけ課税財産の金額が減れば、かなりの節税効果が見込めますね。

無知　でも、生前贈与は保険や小規模宅地等の特例よりは優先度が低いんですよね？　注意点を教えてください。

前田　はい。まずは**「相続開始前3年以内の生前贈与は、相続税の対象になる」**というルールがあります。ですから、「お父さんが余命1年だから、相続税対策のために生前贈与してもらおう」と思っても時すでに遅し。たとえ年間１１０万円以内の生前贈与をしていたとしても、それが相続開始前３年以内に行われたのであれば、相続税がかかります。

ただし、このルールの対象となるのは、「相続」または遺言で財産を贈る「遺贈」により財産をもらった人です。

適用対象とならない人で、一番わかりやすいのは孫です。孫は相続人でないため、死亡保険を除けば、相続で何かもらうことは基本的にはありません。そのため、**孫に遺言書で財産をのこさないのであれば、相続開始直前の生前贈与であっても、相続税の対象となることはないのです。**

無知　まあ、普通は相続人に生前贈与をするでしょうけど、そのときは亡くなる3年より前に贈与をしておけばいいということですね。

前田　実は法改正があって、２０２４年1月以降の生前贈与については、相続開始前7年以内の生前贈与が相続税の対象になります。ということは、**家族が亡くなる時期を予測したうえで、その7年より前に生前贈与をしないといけません。**

ただし、新ルールは２０２４年1月以降の贈与だけが対象となるため、２０２３年までに行われた贈与は3年以内ルールでの適用となります。少しわかりづらいですが、**新ルールの適用については、相続発生日が２０２７年1月以降になると1年ずつ相続税の対象となる生前贈与の期間が延びていくことになります。**

どういうことかというと、たとえば２０２３年12月と２０２４年1月に１１０万円ずつ贈与し、相続発生が２０２７年2月の場合、新ルールは２０２４年以降の贈与から適用となるため、２０２４年１月の１１０万円だけが相続税の対象となるわけです。

国税　これまでの3年以内のルールが7年以内に延びると、かなりインパクトがありそうですね。

無知　僕の両親は、これから7年もたつと、ともに90代。日本人の平均寿命からすると、もう生前贈与で相続税対策をするのは難しそうです。

前田　そのような問題を回避する方法がいくつかあります。まずは、贈与税の特例を使うという方法です。**贈与税には「住宅取得等資金贈与の特例」や「贈与税の配偶者控除」という特例**があります。

これらの特例を使って生前贈与をすれば、年間110万円以上を贈与しても非課税になりますし、たとえ相続開始の直前に贈与が行われていたとしても、相続税を計算するときに加算されません。

国税　**贈与税には「教育資金一括贈与の特例」や「結婚・子育て資金の特例」もあります**が、これらについてはどうでしょう？

前田　教育資金一括贈与の特例は、いったん贈与者である親が、信託銀行などの金融機関で専用口座の契約をして、まとまったお金を預けておいて、受贈者となる子どもや孫が教育費を支払うときに限り、専用口座から非課税でお金を引き出せる仕組みです。

結婚・子育て資金の特例も基本的な仕組みは同じで、決められた目的に沿って資金を専用口座から引き出せば、贈与税が非課税になります。

ただ、これらの専用口座にお金が残っている状態で贈与者である親が亡くなると、その残額は相続税の対象になります。教育資金一括贈与の特例については、受贈者である子どもや孫の年齢などの状況によっては専用口座に残額があっても相続税に影響しないのですが、あくまで例外的なケースです。

国税　住宅取得等資金贈与の特例や配偶者控除なら、そういう複雑な問題を考えなくてもいいですね。

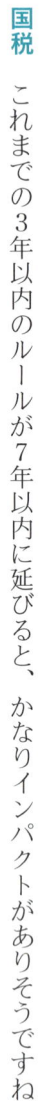

贈与税の特例

☑ **配偶者控除**…「おしどり贈与」とも呼ばれており、婚姻期間20年以上の夫婦限定で利用できる。夫または妻へ居住用不動産等を贈与する場合、2000万円まで非課税。

☑ **住宅取得等資金贈与**…取得する住宅の要件により非課税枠が異なる。500万円（省エネ等住宅の場合は1000万円）まで非課税（2026年12月31日まで）。

☑ **結婚・子育て資金一括贈与**…18～50歳未満の子どもや孫に対して適用される。1000万円まで非課税（2025年3月31日まで、ただし2年間延長予定）。

☑ **教育資金一括贈与**…0～30歳未満の子どもや孫に対する贈与に適用される。1500万円まで非課税（2026年3月31日まで）。

Point!

相続開始前7年より前の生前贈与が難しいなら「住宅取得等資金贈与の特例」や「贈与税の配偶者控除」を検討

かしこい生前贈与の方法は？

２０２４年から「相続時精算課税制度」がすごく便利に……

前田　もう１つ、相続税対策として生前贈与をするのであれば、２０２４年から便利になったので、「相続時精算課税制度」を前向きに検討したほうがいいです。

無知　なんだか難しそうですが、どういう仕組みか、わかりやすく教えてもらえますか？

前田　まず、原則として60歳以上の父母・祖父母から、18歳以上の子・孫への贈与が**合計２５００万円以内なら、何回贈与しても贈与税がかかりません。**２５００万円を超える部分の税率は一律20％となります。

無知　２５００万円以内の贈与が非課税になるんですか？　さっき説明してもらった暦年課税制度だと１１０万円でしたよね。だったら、相続時精算課税制度のほうがいいのでは？

国税　現在の相続時精算課税制度は、**暦年課税制度のように〝毎年〟非課税枠がつくわけではないんです。**たとえば、父親から息子に対して１年目は２０００万円、２年目は１０００万円を贈与したとすると、１年目は贈与税がかかりませんが、２年目の時点では非課税枠は５００万円（全非課税枠

２５００万円－１年目の２０００万円）しかないので、５００万円の部分については贈与税が発生してしまいます。

前田　そのとおりです。いったん２５００万円の非課税枠を使い切ると、それ以後の非課税枠はゼロなので、極端な話、父親から息子に１万円を贈与しても贈与税が発生します。

　暦年課税制度の場合、年間１１０万円以内の贈与であれば贈与税の申告は不要ですが、相続時精算課税制度を使うと、**たとえ贈与税がゼロでも必ず申告がいることもめんどうな点**です。

国税　相続時精算課税制度の場合、贈与税が非課税になった分も含めて、相続税の計算に加味される点もネックですよね。２５００万円までの贈与はいったん非課税になりますが、結局後から相続税がかかってしまうという。

無知　ええ？　結局、相続税がかかるなら、意味なくないですか？

前田　暦年課税制度であれば、今のルールだと相続開始前7年より前に生前贈与をしていれば、相続税に影響しませんよね。でも、**相続時精算課税制度だと何年前の贈与であっても、相続税に影響してしまう**。そのデメリットは大きいです。

国税　私が国税職員になった２００４年は、相続時精算課税制度が導入された翌年だったので、よく税務署で相談を受けていました。みなさん、２５００万円の非課税枠が魅力的に思われていたようで。

　でも、非課税枠を使い切ると贈与税が発生することや、いずれ相続税の計算にも影響することを説明すると、ガッカリされていました。

前田　私のような税理士としても、これまでは相続時精算課税制度を手放しにおすすめすることはできませんでした。相続時精算課税制度を使うメリットがまったくないわけではないのですが、やはり暦年課税制度の年間110万円の非課税枠のほうがシンプルに活用できますからね。

国税　**2024年1月以降は相続時精算課税制度の仕組みがどう変わったのですか？**

前田　いくつか変更点があるのですが、相続時精算課税制度を選択した場合、**従来の2500万円の非課税枠とは別に、年間110万円の非課税枠が設けられる**ことが最大のポイントです。そして、相続時精算課税制度を使っている場合でも、年間110万円以内の贈与であれば、贈与税の申告は不要になります。

国税　**相続時精算課税制度に暦年課税制度のメリットが、そのままプラスされた感じ**ですね。

無知　それはいいですね。

前田　それだけではありませんよ。**相続時精算課税制度に設けられる年間110万円の非課税枠を使った部分は、なんと一切相続税の計算に影響しません。**

暦年課税制度の場合、現状は相続開始前7年以内の贈与が相続税の計算に加味されますよね。でも相続時精算課税で年間110万円以内の贈与をすれば、そのような時間的な縛りがないのです。

国税　ということは、亡くなる直前に100万円を生前贈与したとして、暦年課税制度なら相続税に加算されるけれど、相続時精算課税制度なら加算されないのですか？

前田　そのとおりです。**きっと2024年以降は、相続時精算課税制度をうまく活用して、贈与税を抑えつつ、相続税対策をする人が増えていくはずです。**

相続時精算課税制度を利用するには、贈与税の申告手続きを期限内に行うとともに、「相続時精算課

相続時精算課税制度の仕組み

改正前

暦年課税制度との選択制で、一度相続時精算課税制度を選択すると暦年課税制度には二度と戻れない

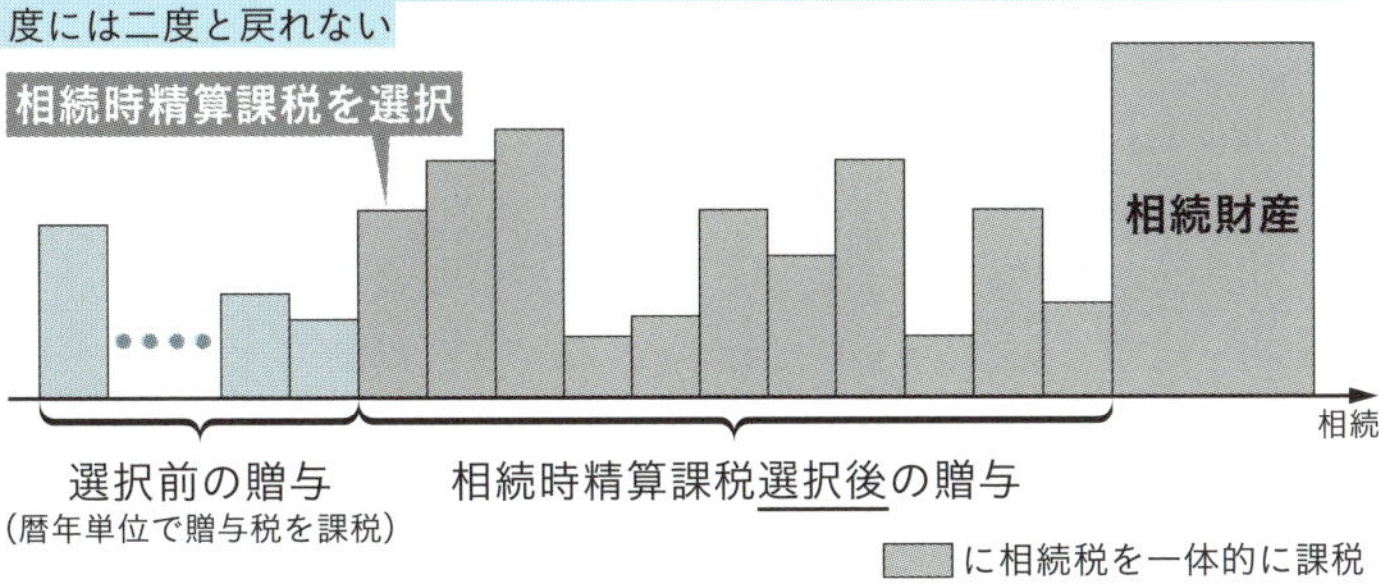

○贈与時に軽減・簡素化された贈与税を納付（累積贈与額2500万円までは非課税、2500万円を超えた部分に一律20％課税）
※暦年課税のような基礎控除はなし
※財産の評価は贈与時点での時価で固定

○相続時には累積贈与額を相続財産に加算して相続税を課税（納付済みの贈与税は税額控除・還付）

2024年1月以降

改正後

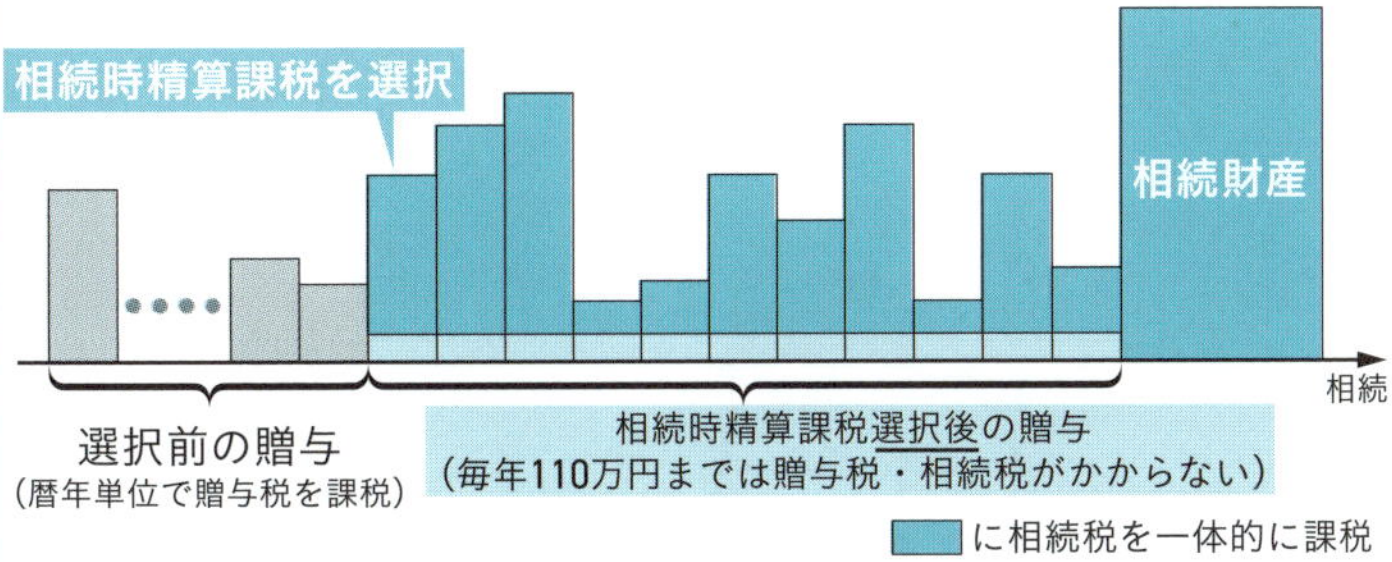

- **毎年110万円まで課税しない**
  （暦年課税の基礎控除とは別途措置）
- **土地・建物が災害で一定以上の被害を受けた場合は相続時に再計算**

税選択届出書」をつけなくてはならないので、利用したいのであれば、忘れずに手続きをしておきましょう。

Point!

2024年以降は「相続時精算課税制度」をうまく活用して、贈与税を抑えつつ相続税対策

生前贈与をするときの注意点は？

……親が相続対策で子どもの預金口座を勝手に作ってはいけない

無知　そもそも生前贈与って、契約書とかを作っておいたほうがいいんですか？

前田　そうですね。**生前贈与をするなら、その証拠として「贈与契約書」をのこしておくといいです。**贈与したかどうかが、税務調査で問題になることも多いので、その対策になります。

国税　私が相続税調査をして時々目にしたのが、親が勝手に子ども名義の預金口座を作ってお金を入れていたケースです。それで相続人である子どもは、「これは親に生前贈与してもらったものだから、相続税の申告は必要ない」と主張されるのですが、**税務署はこうした預金も相続財産と判断します。**

前田　よくありますよね。親が相続税対策のつもりで、子どもの預金口座を勝手に作るケース。でも、法律上はあげる人ともらった人の合意がなければ、贈与は成立しません。生前からきちんと親子で話し合っておけば、税務署に対して「これは贈与です」と強く言えるのですが。

だから私のクライアントには、**家族同士（夫婦同士を含む）であっても、きちんと贈与契約書を交わしておく**ようにアドバイスしています。お父さんが贈与契約書を作って、「内容を確認してサイン

贈与をするときのチェックポイント

1. 贈与する日付・金額を毎年更新し、贈与契約書を作成

☑ 贈与契約書に、贈与する人・贈与を受ける人それぞれが署名
☑ 各自の印鑑を使用して、贈与契約書に捺印
☑ 贈与を受ける人が未成年の場合は、親が署名・捺印
（父親が贈与する人の場合は母親が署名・捺印）

2. 基礎控除を超える贈与をされた場合、贈与税の申告をして、贈与の事実を証明できるようにする

☑ 贈与を受けた年の翌年2月1日から3月15日までに贈与税の申告書を提出
☑ 贈与税の申告書の控え・領収証を保管

3. 贈与を受ける人は、自分名義の銀行口座を開設

☑ 金銭の受贈や贈与税の納付については各自名義の銀行口座を利用
☑ 銀行口座の通帳や印鑑は贈与を受ける人が管理
（贈与した現金を、贈与する人の管理下におかない）

4. 贈与者の意思能力がある

☑ 贈与者が認知症だったり贈与者に成年後見人が選任されていたりする場合、意思能力なしと判断される可能性が高い

正しい贈与のやり方を知らないと、節税対策にはなりません！

しておいて」と妻や子どもに渡すような形にしておけば、そこまで手間はかかりません。

無知　たしかに、口約束だけだと、税務署から何か言われたら根拠のある説明ができなそうですよね。お金をくれた親が亡くなっているなら、なおさらです。生前にきちんと契約書をのこしておけば、自信をもって説明できると思います。

前田　贈与契約書に加えて、写真をのこしておくこともおすすめしています。税務調査が入ったとき、「おじいちゃんは毎年お正月に１００万円をくれていました」と、贈与のタイミングでおじいちゃんと孫が映った家族写真をつけて説明すれば、それ以上税務署は何も言ってきませんからね。**契約書だけだと「日付を含めて、あとから偽造したのかも」という疑いがのこるので、写真をのこしておくと万全です。**

このほか、贈与税がかかる金額を贈与されたなら、きちんと贈与税の申告をしておくことや、贈

与を受ける人は自分が管理する口座で受けとること、贈与契約はその都度交わすこともポイントです。

無知　その都度、とは？

前田　たとえば、10年分の贈与契約を最初にまとめて交わしてしまうと、贈与税がかかる可能性が高いです。毎年、１１０万円以内の贈与を合意して契約書を交わせば問題ありませんが、**「1年につき100万円ずつ、10年間贈与する」といったようにまとめて契約をすると、10年分の贈与が合算されて贈与税が計算されてしまいます。**

だから毎年、贈与契約書をとり交わし、写真を撮っておくことで、毎年の贈与契約があったことを立証しておくことが大事です。贈与の合意が毎年、その都度行われていると主張しやすくなるので。

ちなみに、非課税である１１０万円の贈与をされた場合、贈与税申告をしてはいけないルールはないので、非課税の範囲内の贈与であっても、証拠をのこす観点から贈与税の申告をするのもいいですね。

国税　税務調査をする立場からも、そのような対策がとられていれば判断しやすいです。証拠が何もないなかで、「これは贈与だ」「いや、贈与ではない」とやり合うのは簡単なことではないので。せっかく生前贈与を使って相続税対策をするなら、証拠をきちんとのこすことを意識しておきたいですね。

Point!

生前贈与はその都度「贈与契約書」を交わして贈与する人・される人が一緒に写真を撮っておくと税務署対策は万全

生前贈与が〝家族の争い〟の火種になることも

生前贈与による相続税対策をするときは、やり過ぎは禁物です。**相続税の負担が減る代わりに、のこされた相続人がモメる可能性がある**からです。

たとえば、相続人が長男と長女の2人というケースで、長男が家を建てるために親から1000万円の生前贈与を受けたとしましょう。

このときに「住宅取得等資金贈与の特例」を活用すれば、長男に贈与税はかかりません。そして親の1000万円が子どもに移った分、親が亡くなったときの相続税を節税できます。

でも、そのことを長女が知れば、「なんでお兄ちゃんだけ1000万円もらうの⁉ ズルい！」と反発することは容易に想像がつきます。

いずれ相続が起きたとき、長女は「今度は私が多くもらいたい」と思うでしょうし、長男は「生前贈与と相続は別物だから、相続は半々で分けるべきだ」と主張するかもしれません。

このようにして、**生前贈与をきっかけに家族がモメてしまう**わけです。

贈与は、法律上では、あげる人ともらう人の合意で成立するので、ほかの家族に知らせずに生前贈与をすること自体は可能です。

そのため、先ほどのケースであれば、1000万円の贈与をしたことを長女に黙っておけばトラブルは起きないと思うかもしれません。

しかし、**それは残念ながら甘い考え**なのです。

相続がはじまると、同居をしていなかった相続人から「親の通帳を見たい」と言われることがよくあります。ここで通帳を見せないと怪しまれますから、渋々ながらも通帳を見せることになるでしょう。

このときに、「お父さんの通帳から大きなお金が出ている」「そういえばこの時期にお兄ちゃんが家を建てた」となると、贈与があったことは簡単にバレてしまいます。

たとえ通帳を捨てても、相続人なら金融機関から被相続人の預金口座の明細をとり寄せることも可能ですから、あとから生前贈与の事実が明らかになってしまうのです。

昨今は生前贈与を使った相続税対策の話題がメディアなどに多く出ていて、いろいろなところですすめられています。

ただ、現実に落とし込んで考えると、相続税対策になるとしても**「実際はやるべきではない」**というケースが少なくないのです。

そもそも相続税がかからない家庭であれば、相続税対策をする必要はないのですから、ただ単に家族同士が争うきっかけをつくるだけになる可能性もあります。

さらには、**「贈与をする人の生活におよぶ影響」**を多くの人が見落としているようにも感じます。

たしかに、生前贈与を年間１１０万円までに収めればもらった人に贈与税はかからず、これを何年も続けると、数千万円を無税で相続人に渡すことができます。

しかし、それだけのお金を生前贈与したら、あげる人の生活に影響が出てきます。親がお金を贈与しすぎて老後の生活資金が尽きてしまい、不安を抱えながら生活を送らなくてはならないとしたら、それは問題です。

このような生前贈与の問題を避けるには、お金をあげたあとの影響をきちんと事前に考える必要があります。相続税の節税だけに目を向けるのではなく、贈与する人や、贈与を受ける人、さらには贈与を受けられない人におよぶ影響を考えるのです。

あとから問題が起きないようにするには、**家族でしっかり話し合いをすることが欠かせません**。生前贈与をすることで、むしろ家族同士の関係がよくなり、しかも相続税対策になるような、理想的な形を目指してください。

PART 3

「相続直後の手続き」がめんどくさい…

家族が亡くなったらすぐやるべきこと

家族が亡くなったらまず何をしなくちゃいけない？

…「死亡診断書」をもらう

国税 先ほどは、相続が起きるまで、つまり生前の対策をうかがいました。ここからは、相続が発生したあとの手続きをお聞きしたいと思います。

家族が亡くなったとき、のこされた人がどう動くべきかを教えてください。

前田 承知しました。家族が亡くなると、お通夜やお葬式はもちろんのこと、やるべきことが一気に増えてパニックに陥りがちです。でも順序よく片づけていけば、そこまで大変ではないので、1つひとつ説明していきますね。

無知 お願いします！ 相続が起きたあと、まずやるべき手続きは何でしょうか？

前田 **絶対にやらなくてはいけないのが、病院で「死亡診断書」をもらうことです。**

人が亡くなると、1週間以内に役所へ**「死亡届」**を出して**「火葬許可証」**をもらわなくてはいけません。この死亡届を出すときに、必ず**「死亡診断書」**をつける必要があるのです。

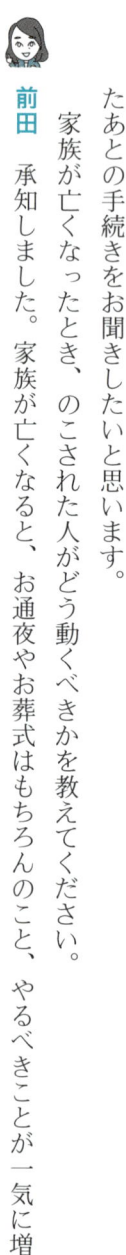

なので、死亡診断書がないと、死亡届を出せず、火葬許可証が発行されないので、お葬式ができません。あとは、生命保険の保険金を請求するときも、死亡診断書が必要になります。

無知　死亡診断書って大事なものなんですね。もし死亡診断書がないと、保険に入っていても保険金がもらえないんですか？

前田　ええ、そうですよ。余談ですが、**この死亡診断書をめぐって、亡くなった被相続人の妻と愛人が争うようなケースがあります**。というのも、生命保険を愛人が受けとれるようにすることは事実上可能なのですが、その保険金を請求するには、亡くなった被相続人の家族を通じて死亡診断書を入手しないといけません。

でも、愛人としてはそんなことは要求しづらいですし、要求したとしても家族はすんなりとは応じませんよね。その結果、愛人は保険金をもらえなくなってしまうのです。

Point!

家族が亡くなったら、まずは病院で「死亡診断書」をもらうことからはじめる

書類の入手はメチャクチャめんどう？

…戸籍関係書類の入手が一気にラクになる方法

国税　死亡診断書1つでも、いろんなドラマがあるのですね……。ドラマといえば、親が亡くなったあとに、家族が知らない相続人が出てきた、というケースもありそうです。

前田　それは、実際にあることですよ。たとえば、お父さんが亡くなって、子どもが1人のこされたのなら、相続人は1人だと普通は思うでしょう。でも戸籍をとってみると、実はお父さんが前に結婚していて、その妻との間に子どもが3人いたことが判明した。

　こうなると、前妻との間にできた子ども3人も相続人ですから、その人たちも含めて遺産分割協議や相続税申告などをしなくてはいけません。ですから、**相続が起きたら、すぐに戸籍をとって、相続人が誰なのかをきちんと確認してください**。

無知　僕は戸籍のとり方さえ知らないです……。どうやって故人の戸籍をとればいいですか？

前田　相続の手続きで必要になるのは、**「亡くなった被相続人が生まれてから死ぬまで」のすべての戸籍謄本《とうほん》（戸籍全部事項証明書）**です。似た名前ですが、**「戸籍抄本《しょうほん》（戸籍個人事項証明書）」**には一部の情報しか書かれていないので、間違えないようにしましょう。
まずは亡くなった被相続人が最後に戸籍を置いていた住所を管轄する役所で、戸籍謄本をとってください。これを見ると、どこの場所から戸籍を移したかがわかるので、次は前の戸籍謄本をとります。このように順次さかのぼっていくと、やがて出生したときの戸籍にたどりつきます。

無知　戸籍を調べるのって、けっこう大変なんですね……。

前田　ずっと同じ場所で生まれ育った人ならシンプルなのですが、戸籍をたびたび動かしている人は、過去に本籍地のあったすべての役所から戸籍をとり寄せなくてはいけないので、かなり大変になります。
また、**相続の手続きのためには、亡くなった被相続人だけでなく、相続人の戸籍謄本も必要になります**。そのため、家族が多い人ほど戸籍を集める手間がかかります。

国税　思い出しましたが、戸籍のなかでも古い情報は手書きで書かれていて、読むのも難しいですよね。

前田　そうなんです。平成6（1994）年から戸籍の電子化がはじまったのですが、それ以前の戸籍は手書きでした。そのことも踏まえると、戸籍の確認が大変なときは、専門家に任せたほうがいいかもしれません。**相続税申告が必要な人なら、まとめて税理士に任せるとラクです。**

無知　ちなみに、戸籍をとるときは1通で足りますか?

前田　これはなんとも言えません。基本的には原本を1通とっておけば、銀行の名義変更などは原本を提出して、銀行側でコピーをとることで済ませられますが、原本が複数必要になる可能性もあります。

無知　足りなくなったら、また戸籍をとらないといけないのでしょうか。それはメチャクチャめんどうです……。

前田　そこでぜひおすすめしたいのが、そんな不便さを減らそうと平成29（２０１７）年5月に全国の法務局で利用できるようになった、**「法定相続情報証明制度」**というサービスです。

これは、戸籍関係の書類や家族関係をまとめた**「法定相続情報一覧図」**を法務局に提出すると、その内容を法務局の登記官が確認してくれるというものです。すると、認証された法定相続情報一覧図の写しを交付してもらえるので、これを戸籍謄本の代わりに使えます。

法定相続情報一覧図の写しは無料で何枚でも発行してもらえるので、いろいろな手続きがすごくラクになりますよ。

この仕組みができるまでは、相続する預貯金や不動産ごとに大量の書類を個別に登記所や金融機関に出す必要があったのですが、法定相続情報一覧図の写し1枚で済むようになりました。

無知　それは便利そうですね！　ぜひ自分が相続の手続きをするときは活用したいと思いますが、どこに行けばいいですか？

前田　法定相続情報一覧図は、自分で作成して、法務局に申請するのが基本的な流れです。**法務局のホームページに法定相続情報一覧図のフォーマットがエクセル形式で用意されているので、戸籍を見ながら作成してください。**不明点があれば、法務局で確認してもらえますよ。

無知　申請の窓口は、どこの法務局でもいいのですか？

前田　**「被相続人の死亡時の本籍地」「被相続人の最後の住所地」「申出人の住所地」「被相続人名義の不動産の所在地」のいずれかを管轄する法務局で手続きできます。**郵送でも手続きができますが、書類の確認などがあるので、窓口に行ったほうが確実です。

「法定相続情報一覧図」の書き方　配偶者・子(1人)のケース

最後の住所は、住民票の除票（または戸籍の附票）により確認して記載する。（最後の本籍の記載は、申出人の任意であるが、住民票の除票等が市区町村において廃棄されている場合は、被相続人の最後の住所の記載に代えて最後の本籍を必ず記載する）

被相続人　法務太郎　法定相続情報

被相続人の氏名を記載する。

最後の住所
○県○市○町○番地
最後の本籍
○県○市○町○番地
出生　昭和○年○月○日
死亡　令和○年○月○日
(被相続人)
法 務 太 郎

相続人の住所の記載は任意である。記載する場合は、住民票の写し等にあるとおり記載するとともに、その住民票の写し等を提出する必要がある。記載しない場合は、「住所」の項目を削除する。

住所　○県○市○町○番地
出生　昭和○年○月○日
(長女)
法 務 優 子　　(申出人)

申出人となる相続人には、「(申出人)」と併記する。

住所　○県○市○町○番地
出生　昭和○年○月○日
(妻)
法 務 花 子

以下余白

作成者は作成した日を記載し、自身の住所を記載の上、記名する。

作成日：　令和○年○月○日
作成者：　住所　○県○市○町○番地
　　　　　氏名　○○　○○

※法定相続情報一覧図は、A 4縦の用紙を使用してください。なお、下から約5cmの範囲に認証文を付しますので、可能な限り下から約5cmの範囲には記載をしないでください。紙質は、長期保存することができる丈夫なものにしてください。また、文字は、直接パソコンを使用し入力するか、黒色インク、黒色ボールペン（摩擦等により見えなくなるものは不可）で、楷書ではっきりと書いてください。

無知　自分の住所の近くでも手続きできるのはいいですね。いろいろな話し合いが済んだあとに、実はほかにも法定相続人がいたとなると、かなりめんどうなことになりますから、戸籍の確認はいち早くやりたいと思います。

Point!

戸籍と相続関係を表した図（法定相続情報一覧図）を管轄する法務局に提出したあとは一覧図の「写し」を活用

相続人が「未成年者」と「海外居住者」の場合は？

手続きがちょっとめんどくさいけど大丈夫！…

国税 相続人が誰かによって、手続きがめんどうになることはありますか？

前田 ありますね。代表的なのは、未成年者や海外に住んでいる人が相続人になるケースです。まずは、未成年者の相続からお話ししましょう。

無知 僕の長男は高校生で未成年なので、それは気になるポイントですね。

前田 相続人が未成年者でも、相続権そのものに影響はありません。たとえば、父親が亡くなって相続人がその妻である母親と大学生の19歳の長女、高校生の16歳の長男なら、子どもの法定相続分はそれぞれ4分の1ずつです。

ただ、大学生の長女は成年に達していますが、高校生の長男は未成年者なので、遺産分割協議や手続き書類の記入・捺印などをするために**「法定代理人」**を立てることになります。このとき、母親も相続人のため、遺産分割協議では利益相反《そうはん》（一方の立場では利益になるものの、ほかの立場では不利益になること）になってしまうので、法定代理人にはなれません。

無知　親が代理人になれないなら、ほかに誰が？

前田　未成年である相続人の住所地を管轄する家庭裁判所に申し立てをして、**「特別代理人」**を立てます。もし相続人のなかに未成年者が複数人いるときは、それぞれに特別代理人を選任します。

多くの場合、祖父母や叔父、叔母など、相続人にならない親族が特別代理人に選任されますが、第三者を候補者に挙げることも可能です。

無知　相続人に未成年がいると、そういう手続きが増えるんですね。覚えておきます。

国税　海外で生活する相続人がいた場合も、特別代理人を立てる必要がありますか？

前田　未成年者のように特別代理人を立てる必要はありませんが、相続人のなかに海外に住んでいる人がいるときは、かなり手続きがめんどくさくなることを覚悟してください。

相続人が海外に住んでいても、被相続人が日本国籍をもっているなら、日本の法律にしたがって相続手続きを進める必要があります。

ここでポイントになるのが、海外に住んでいる相続人の住民票がどこにあるかという点です。住民票が日本にあれば、「印鑑証明書」を取得することができるので、相続人全員が日本に住んでいる場合と同じように遺産分割協議などの手続きができます。

今は話し合いもＺｏｏｍなどのテレビ会議システムで手軽にできますから、やりとりだけなら、そこまでめんどうではありません。

国税　では、住民票が日本になければ、どうなるのですか？

前田　その場合、まずは日本領事館などで「署名証明」や「在留証明」などを発行してもらう必要があります。**署名証明は印鑑証明書の代わりに、在留証明は住民票の代わりになります。**

これで遺産分割協議をするところまでは進められます。ただ、その後の名義変更の手続きなどは、複雑で時間がかかる場合が多いので、自分たちだけでやるのは現実的ではありません。国際的な相続に強い専門家を探して、早めに相談されることをおすすめします。

Point!

未成年者が相続人になる場合、「法定代理人」「特別代理人」のいずれかを立てる

年金・保険金はどうしたらいい？

…「遺族年金」「未支給年金」「生命保険契約照会制度」

前田　相続が生じたら、**年金関係の手続き「受給権者死亡届（報告書）」も早めにやっておきましょう**。

多くの場合、亡くなった人は年金などを受給していたはずです。この年金をストップし、配偶者なら配偶者が亡くなったときにもらえる**「遺族年金」**を得るため、年金事務所で手続きをします。亡くなったタイミングによっては、**「未支給年金」**をもらえる可能性もあります。

無知　もし、この届け出が遅れるとどうなりますか？

前田　その場合、年金を多く受けとりすぎるので、あとで返済しなくてはいけません。遺族年金をもらう時期も遅くなってしまうので、相続の手続きはできるだけ早くやっておきましょう。

亡くなった被相続人が、被保険者になっていた生命保険に加入していた場合、このタイミングで保険金の請求をしておきたいところです。

国税　亡くなった家族が、どんな保険に入っているかを知らない人は多いです。私が相続税調査をしたときも、家族が把握していない保険が申告漏れになっていました。何かいい確認方法はありますか？

生命保険契約照会制度の流れ

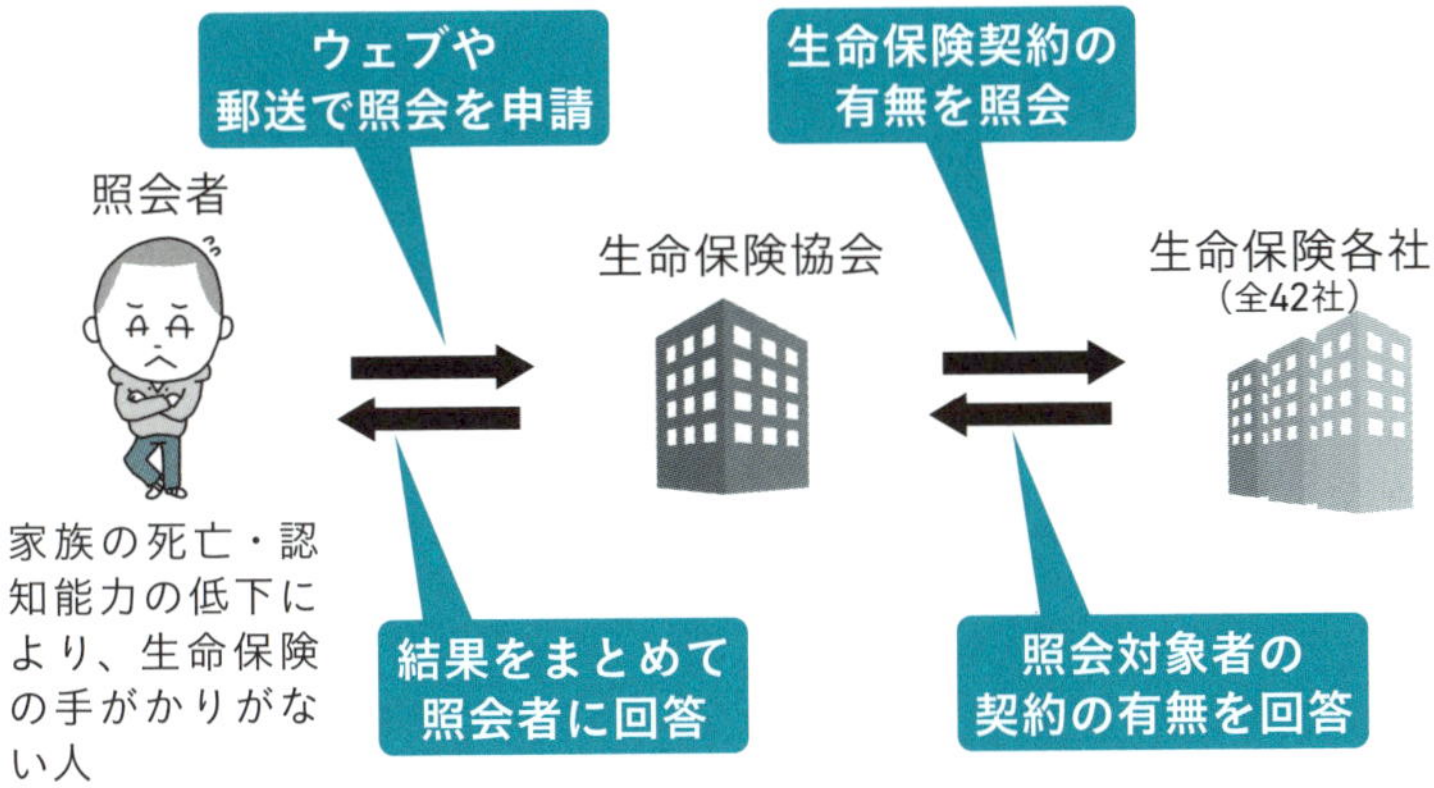

前田　令和3（2021）年に**生命保険契約照会制度**がスタートしたので、これを使うといいですよ。亡くなった人が被保険者や契約者になっている保険を、保険会社の垣根を越えて把握できるんです。

国税　それは便利ですね！　手続きの方法は？

前田　窓口になるのは生命保険協会で、ウェブや郵送で申請できます。法定相続人が手続きをするときは、**「自分の本人確認書類」「相続人と被相続人の関係を示す戸籍等（法定相続情報一覧図でも可）」「被相続人の死亡診断書」が必要**です。

これらの書類を用意して申請をすれば、利用料の案内が届くので、これを支払えば後日、結果が通知されます。**照会をかけてから結果がわかるまでに、2週間程度かかるようです。費用は照会1件あたり3000円です。**

国税　その結果を見れば、保険契約の内容や金額などがわかるのですか？

前田　いいえ、金額まではわかりません。照会制度でわかるのは、あくまでも契約が存在するかどうかなので、**詳しい情報は各保険会社に問い合わせる必要があります**。

国税　では、相続に関係する保険の有無は、照会制度ですべて把握できるのですか？

前田　残念ながら、照会制度でヒットするのは、**「亡くなった被相続人が契約者か被保険者になっている保険」のみ**です。そのため、たとえば、お母さんが保険の契約者と受取人になっていたけれど、保険料を払っていたのが亡くなったお父さんだった、というケースはヒットしません。

　この場合、お父さんの相続税の計算に影響するのですが、契約上はどこにもお父さんの名前が出てこないので、照会で引っかからないのです。

国税　それは気をつけたほうがいいですね。税務署は契約上の名義よりも、実質で判断するので、亡くなった被相続人が保険料を払っていたとなれば、相続税申告書に載せなければいけません。

無知　ふーん。照会制度で、まるっと解決できるわけではないんですね。

前田　そうなんです。とはいえ、注意点を考慮してさえいれば、照会制度は有効な方法です。まずは自分たちで保険証券や保険会社からの通知を探すなどして、さらに漏れがないか確認するために照会制度を利用してみてください。

Point!

生命保険契約照会制度でヒットするのは、亡くなった被相続人が契約者か被保険者になっている保険のみ

見落としがちな請求は？

「埋葬料」の請求は見落としがち…

前田　そうそう、**「埋葬料」**の請求も見落としがちなので、少し説明しておきましょうか。

無知　埋葬料ですか？

前田　**「葬祭費」**と呼ばれることもありますが、要は葬儀をした場合に健康保険から支給されるお金のことですね。たとえば国民健康保険に加入していた人が亡くなれば、葬祭費として5万円もらえます。

無知　そんな仕組みがあるんですか。相続があるといろいろとお金がかかりそうなので、ありがたいですね。手続きは、どうすればいいですか？

前田　**埋葬料（葬祭費）を請求するときは、故人の勤務先の健康保険組合や協会けんぽが窓口になりますが、国民健康保険や後期高齢者医療保険に加入していたら市区町村の役所が窓口になります。**

葬儀の領収書など、申請に必要なものがいくつかあるので、あらかじめ健康保険組合や協会けんぽ、市区町村のホームページなどで確認しておくといいでしょう。支給には、埋葬（葬祭）の翌日から2年以内に手続きをする必要があるので、忘れないうちに手続きしておくといいですね。

あと、「もらえるものをもらう」のと同時に、「止められる支払いを止める」のも大事です。**携帯電話の通信料金や社会保険料、民間の保険料**などを止めないと、余計なお金を支払い続けることになります。

国税　今は**ネットフリックスやアマゾンなどのサブスクリプション（定額課金）サービス**を利用している人が増えているので、それも要注意ですね。

無知　僕自身、いろんなサービスを利用しています。でも、相続が起きたあとになると、本人は亡くなっているので、確認できないですよね？

前田　これはある程度、地道に確認するしかありません。まずは亡くなった被相続人の**預金口座やクレジットカードの明細を見て、お金が引かれているサービスを確認**しましょう。サービスによっては毎月払いではなく、半年や1年ごとの支払いになっているものもあるので、少なくとも1年間のお金の動きをたどっておくといいでしょう。

そうして支払いを把握したサービスは、個々に解約手続きをしてください。

Point!

埋葬料（葬祭費）の請求は埋葬（葬祭）の翌日から2年以内に手続きする

金融機関の口座が突然凍結されたらどうする？

…「相続預金の払戻し制度」の利用を検討

無知　そういえば、人が亡くなると預金口座が凍結されると聞きます。相続人が銀行で手続きをしていなくても、役所から銀行に情報が伝わって、銀行が口座を凍結してしまうのでしょうか？

前田　「役所に死亡届を出すと預金が凍結する」と勘違いしている人が多いようですよね。でも実際には、**役所が銀行に情報を流すことはない**ので、死亡届と預金の凍結に直接的な関係はありません。

国税　そう思っていました。

前田　そうでしたか。ただ、死亡届自体は影響しなくとも、**何らかの理由で銀行が被相続人が亡くなったことを知ったら、勝手に口座が凍結されることはあり得ます。**たまたま葬儀場を銀行員がとおりかかったとか、地域の噂話で知られたとか、そのようなことがきっかけになります。

その意味では、メガバンクよりも地域に密着した信用金庫などのほうが死亡情報を把握する可能性が高く、凍結されやすいでしょう。とくに相続税がかかるような資産家の場合、地域の名士が多いですから、噂が出回って口座が凍結されてしまうのです。

国税　預金口座が凍結されると、家族といえども預金を動かせなくなりますよね。凍結を避けたいとき、どうすればいいですか？

前田　たまたま銀行員が死亡を把握するケースは防ぎようがないですが、相続人の行動がきっかけで凍結されることもあるので、それは気をつけたほうがいいです。たとえば、相続が起きたあと、相続人が毎日のように現金を引き出すことがありますが、これがきっかけで口座が凍結されることがあります。

今はＡＴＭ（現金自動預け払い機）の１日あたりの引き出し限度額が設定されているので、まとまったお金を引き出すには、何日もかかります。そのように普段とは違う出金が続けば、銀行は「何かあったのでは？」と感づいて、やがて相続があったことがバレて凍結されてしまいます。

国税　そうなのですね。そもそもの話ですが、口座が凍結されるのは避けたほうがいいですか？

前田　それはなんとも言えません。口座が凍結されると、いろいろな支払いに困る可能性があるからです。たとえば、葬儀代を出せるだけのお金が相続人になければ、亡くなった被相続人の口座から引き出そうと思いますよね。

そのときに口座が凍結されていると困ります。口座引き落としの代金も支払えなくなり、自宅に請求書などが届いて、個別に支払わなくてはいけなくなるので、これをめんどうに感じる人もいるでしょう。

無知　じゃあ、やっぱり凍結されないように注意しないと。

前田　ただ、口座を凍結させることには、メリットもあります。**相続人の誰かが勝手に預金を引き出して、使い込む事態を防げる**からです。こういう使い込みがあとでバレると、家族がモメるきっかけになりますから、これを防ぐためにあえて口座を凍結させるのは1つのやり方です。

無知 ある意味、口座凍結が防衛手段になるんですね。

国税 いずれにしても、口座が凍結される可能性をゼロにはできないわけですよね。やはり葬儀代などで必要なお金は、相続が起きる前に下ろしておいたほうがいいでしょうか。

前田 相続人が十分なお金を持っていないのであれば、**葬儀代だけでなく、のこされた家族の生活費3カ月分の現金を確保しておくと安心**です。たとえば、夫婦で生活していて夫が亡くなったのなら、妻が3カ月間は問題なく生活できる資金は確保しておきましょう。

無知 でも、家族の死を見越して必要なお金を引き出しておくのって、けっこう難しそうじゃないですか？ 突然、夫が亡くなって、妻がお金が必要なのに口座が凍結されてしまったら、どうしようもないですよね。

前田 そのときは**「相続預金の払戻し制度」**の利用を検討してください。これは国が民法を改正して2019年7月に導入した制度ですが、少し手続きがめんどうとはいえ、凍結された口座から一定額のお金を下ろすことができます。

国税 一定額というと、具体的にどれくらいですか？

前田 預金払戻し制度には**「家庭裁判所の判断が必要な方法」**と**「家庭裁判所の判断がいらない方法」**の2つがあるのですが、使いやすいのは後者です。

後者の方法を使うと、**「相続開始時の預金の3分の1」**に**「法定相続分」**を掛けた金額を下ろせ**ます**。たとえばA銀行に預金900万円が残っていて、引き出す人の法定相続分が3分の1なら、

改正民法で設けられた2つの払戻し制度

家庭裁判所の判断により払戻しができる制度

- 家庭裁判所に遺産の分割の審判や調停が申し立てられている場合に、各相続人は、家庭裁判所へ申し立ててその審判を得ることにより、相続預金の全部または一部を仮に取得し、金融機関から単独で払戻しを受けることができます。
- ただし、生活費の支弁等の事情により相続預金の仮払いの必要性が認められ、かつ、他の共同相続人の利益を害しない場合に限られます。

単独で払戻しができる額

＝ 家庭裁判所が仮取得を認めた金額

家庭裁判所の判断を経ずに払戻しができる制度

- 各相続人は、相続預金のうち、口座ごと（定期預金の場合は明細ごと）に以下の計算式で求められる額については、家庭裁判所の判断を経ずに、金融機関から単独で払戻しを受けることができます。
- ただし、同一の金融機関（同一の金融機関の複数の支店に相続預金がある場合はその全支店）からの払戻しは150万円が上限になります。

単独で払戻しができる額

＝ 相続開始時の預金額（口座・明細基準）× 1/3 × 払戻しを行う相続人の法定相続分

（例）相続人が長男、次男の2名で、相続開始時の預金額が1口座の普通預金600万円であった場合
長男が単独で払戻しができる額＝600万円×1/3×1/2＝100万円

制度利用の際に必要な書類

遺産分割前の相続預金の払戻し制度を利用するに当たっては、本人確認書類に加え、概ね以下の書類が必要となります。ただし、お取引金融機関により、必要となる書類が異なる場合がありますので、くわしくは、お取引金融機関にお問い合わせください。

1. 家庭裁判所の審判書謄本
（審判書上確定表示がない場合は、さらに審判確定証明書も必要）

2. 預金の払戻しを希望される方の印鑑証明書

1. 被相続人（亡くなられた方）の除籍謄本、戸籍謄本または全部事項証明書
（出生から死亡までの連続したもの）
2. 相続人全員の戸籍謄本または全部事項証明書

3. 預金の払戻しを希望される方の印鑑証明書

https://www.zenginkyo.or.jp/fileadmin/res/article/F/7705_heritage_leaf.pdf

一般社団法人 全国銀行協会

「900万円×1/3×1/3＝100万円」を引き出せます。ただし、**同一の銀行から引き出せる上限額は150万円**に定められています。

無知 なんとなくですが、150万円あれば当面は何とかなりそうですね。手続きは難しいですか？

前田 そこまで大変な手続きではありません。亡くなった被相続人が生まれてから亡くなるまでの除籍謄本、戸籍謄本、相続人全員の戸籍謄本、これらは「相続情報一覧図」でも代用できます。あとは、預金の払い戻しをする本人の「印鑑証明書」が必要です。これらの書類をそろえて銀行の窓口に行けば、手続きできます。

国税 相続預金の払戻し制度を使ったあとの注意点はありますか？

前田 はい。預金の払い戻しを受けたあと、そのお金は葬儀代などの本当に必要なことに使い、何に使ったのかきちんと記録をのこしておくべきです。

遺産分割協議の結果次第では、払い戻した預金がほかの相続人の財産になることもありますから、払い戻した預金はあくまで仮払いのものと考え、慎重に利用するようにしましょう。

Point!

亡くなった被相続人の銀行口座が凍結されてお金に困ったら「相続預金の払戻し制度」を利用

遺言書が出てきたら？

…家庭裁判所で「検認」してもらう

前田　遺言書の確認も、相続が起きたらすぐにとりかかりましょう。生前に遺言書について知らされていればいいのですが、そうでなければ〝遺言書の有無〟から調べなくてはいけません。

無知　遺言書って、書いた本人が亡くなっていると見つけにくいですよね。遺言書を探すコツはありますか？

前田　これをやれば絶対に見つかるという方法はありませんが、**まずは公証役場と法務局に尋ねる**といいです。「公正証書遺言」を作っていたなら、必ず公証役場に保管されていますし、「自筆証書遺言」の保管サービスを使っていたなら、法務局で確認できます。

そこでヒットしなければ、あとは自宅の部屋や銀行の貸金庫など、可能性のある場所を調べる必要があります。この確認作業が不十分だと、遺産分割協議が終わってから、遺言書が出てくるかもしれません。そうなれば、遺産分割協議が無駄になりますし、場合によっては名義変更手続きのやり直しなど、さらにめんどうな問題につながります。

国税 相続税を申告してから遺言書が見つかったら、申告書も作り直しですからね。やっぱり、遺言書をのこすなら家族に伝えておくか、役所で調べれば見つかる状態にしておかないといけません。

無知 なるほど。では、もし遺言書があったことが確認できた場合、手続きはどうなりますか？

前田 自筆証書遺言の場合、法務局の保管サービスを利用していなかったなら、**遺言書の開封前に家庭裁判所で「検認」という手続きが必要**になります。

無知 検認？ なんですか、それ？

前田 検認というのは、家庭裁判所に遺言書をもち込んで、相続人または代理人の立ち会いのもとで遺言書を開封する手続きです。検認をすることで、相続人全員に遺言の存在や内容を知らせることができますし、遺言の書き換えなどのトラブルを防ぐことにもつながります。

無知 検認をしないと、何か問題があるんですか？

前田 **封印されている遺言書を検認せず開封すると、その人には5万円以下の罰金がかかります。**けっこう勘違いする人が多いのですが、きちんと封印されていない遺言書でも、検認手続きは絶対に必要です。これをやらないと預金や不動産などの名義変更もできないので、必ずやらなくてはいけません。

無知 遺言書を発見したら、すぐに開封したくなりそうですから、注意が必要ですよね。検認をせずにこっそり隠したり、捨てたりしたときは、何か罰則があるのでしょうか？

前田 それは絶対にやってはダメなことです！ **遺言書の偽造や隠ぺいが発覚すると、〝相続欠格〟になってしまいます。**つまり、相続人ではなくなってしまうので、遺産を受けとる資格がなくなってしまいます。

相続欠格になるケース

- ☑ 遺言書を偽造した場合
- ☑ 遺言書を隠したり、密かに破棄したりした場合
- ☑ 被相続人をだましたり脅したりして強制的に遺言書を書かせたり、書かせようとしたりした場合

国税 相続欠格になると、家族の信頼を失いますよね……。せっかく相続でもめないためにと思って親が遺言書をのこしたのに、そのことでかえって家族仲が悪くなるのは皮肉な話です。

無知 検認のルール、しっかり覚えておきます。検認の手続きについても、簡単に教えてください。

前田 **検認申立書、遺言者の出生から死亡までのすべての戸籍謄本、相続人全員の戸籍謄本をそろえて、遺言者の最後の住所地の家庭裁判所に持って行けばすぐに終わります。**検認の手続きが終われば、検認が済んだ証明書をもらえるので、なくさないように保管しておきましょう。

遺言書の検認については、裁判所のホームページでも案内していますので、参考にしてください。

国税 そういえば、前に前田先生から、自筆証書遺言の保管制度を利用するために、遺言をのこす側の手続きをお聞きしました。今度はのこされた相続人の手続きを教えてください。

前田 遺言書をのこした人の相続人であれば、遺言書に関する情報の照会をかけることができます。そ

「遺言書検認申立書」の書き方①

受付印	家事審判申立書　事件名（　遺言書の検認　）
収入印紙　円 予納郵便切手　円 予納収入印紙　円	（この欄に申立手数料として１件について８００円分の収入印紙を貼ってください。） 印紙 （貼った印紙に押印しないでください。） （注意）登記手数料としての収入印紙を納付する場合は，登記手数料としての収入印紙は貼らずにそのまま提出してください。

準口頭		関連事件番号　平成・令和　　年（家　　）第　　号

○○　家庭裁判所 御中 令和　○年　○月　○日	申立人 （又は法定代理人など） の記名押印	甲野一郎　㊞

添付書類	※　標準的な申立添付書類については，裁判所ウェブサイトの「手続の概要と申立ての方法」のページ内の「申立てに必要な書類」欄を御覧ください。

申立人	本籍（国籍）	（戸籍の添付が必要とされていない申立ての場合は，記入する必要はありません。） ○○　都道府㊤県　○○市○○町○丁目○番地
	住所	〒○○○－○○○○　電話　○○○（○○○）○○○○ ○○県○○市○○町○丁目○番○号 （　　方）
	連絡先	〒　－　電話　（　） （注：住所で確実に連絡ができるときは記入しないでください。） （　　方）
	フリガナ 氏名	コウノ　イチロウ 甲野一郎 [昭和]平成令和　○年　○月　○日生　（○○歳）
	職業	会社員
※ 遺言者	本籍（国籍）	（戸籍の添付が必要とされていない申立ての場合は，記入する必要はありません。） ○○　都道府[県]　○○市○○町○丁目○○番地
	最後の住所	〒　－　電話　（　） 申立人の住所と同じ （　　方）
	連絡先	〒　－　電話　（　） （　　方）
	フリガナ 氏名	コウノ　タロウ 甲野太郎 [昭和]平成令和　○年　○月　○日生　（　歳）
	職業	

（注）　太枠の中だけ記入してください。
※の部分は，申立人，法定代理人，成年被後見人となるべき者，不在者，共同相続人，被相続人等の区別を記入してください。

別表第一（1/2）

「遺言書検認申立書」の書き方②

申　立　て　の　趣　旨
遺言者の自筆証書による遺言書の検認を求めます。

申　立　て　の　理　由
1　申立人は，遺言者から，平成○年○月○日に遺言書を預かり，申立人の自宅金庫に保管していました。
2　遺言者は，令和○年○月○日に死亡しましたので，遺言書（封印されている）の検認を求めます。なお，相続人は別紙の相続人目録のとおりです。

（別紙）

※ 相続人	本　籍	○○　都 道 府 (県)　○○市○○町○丁目○番地	
	住　所	〒 ○○○ －○○○○ ○○県○○市○○町○番○号　○○アパート○○号室 （　　　方）	
	フリガナ 氏　名	甲野《コウノ》　次郎《ジロウ》	(昭和) 平成 令和　○ 年　○月　○日 生 （　○　歳）
※ 相続人	本　籍	○○　都 道 府 (県)　○○郡○○町○○××番地	
	住　所	〒 ○○○ －○○○○ ○○県○○郡○○町○○××番地 （　　　方）	
	フリガナ 氏　名	乙野《オツノ》　花子《ハナコ》	(昭和) 平成 令和　○ 年　○ 月　○日 生 （　○　歳）
※			

して、**「遺言書保管事実証明書」**や**「遺言書情報証明書」**を出してもらったり、遺言書を閲覧したりすることが可能です。

国税 たしか、保管制度を使うときは、遺言書保管所となる法務局を決めますよね。そこで手続きをするのですか？

前田 いいえ、証明書の交付請求であれば、全国どこの法務局でも手続きができます。**法務省のホームページから交付請求書をダウンロードできるので、これを作成し、予約したうえで最寄りの法務局で手続きをすれば大丈夫です。**

国税 それは便利ですね。では、証明書ではなく遺言書を閲覧したいときは、実際に保管されている窓口に行く必要がありますか？

前田 遺言書の原本を見るときと、画像データを見るときで変わります。原本を見たいなら、実際に保管されている法務局に行かなくてはなりませんが、画像データは全国どこの法務局でも手続きできます。

遺言書情報証明書をとれば、遺言書の画像情報がすべて印刷されていますし、証明書が遺言書の原本の代わりになるので、あえて遺言書の閲覧手続きをする必要はないと思います。

Point!

遺言書を検認せず開封したり、偽造や隠ぺいが発覚したりすると ペナルティが発生するので要注意

何も相続したくなければどうする？

…相続放棄の手続きをする

前田 相続の手続きのなかでも、**とくに期限がシビアなのが「相続放棄」の手続き**です。相続放棄とは、相続人の意思によって、相続そのものを拒否することで、手続きは家庭裁判所で行います。

無知 それは、やったほうがいいことなんですか？

前田 **相続放棄を検討したほうがいいのは、亡くなった被相続人が多額の借金を抱えていたようなケースです。**相続放棄をすることで、借金の返済を免れることができるので。

国税 相続放棄は、相続人が自分の意思でできます。ただ、誰かが相続放棄をすると、相続人の構成が変わってしまう点に注意が必要ですよね。

前田 そうです。重要なポイントは、**「相続放棄の手続きをすると、ほかの家族に相続権が移る」**ということです。たとえば、第1順位の子どもが全員相続放棄をすると、相続権は第2順位の父母らに移り、父母らがそろって相続放棄すると、第3順位の兄弟姉妹へと移っていきます。

無知 ええと……それは、つまりどういう影響があるんですか？

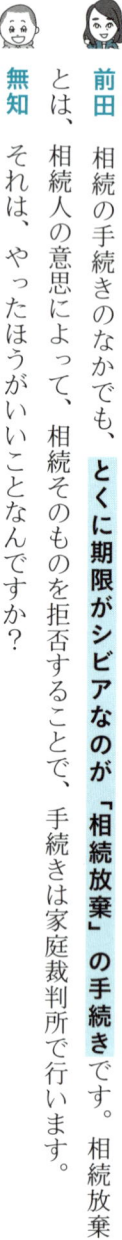

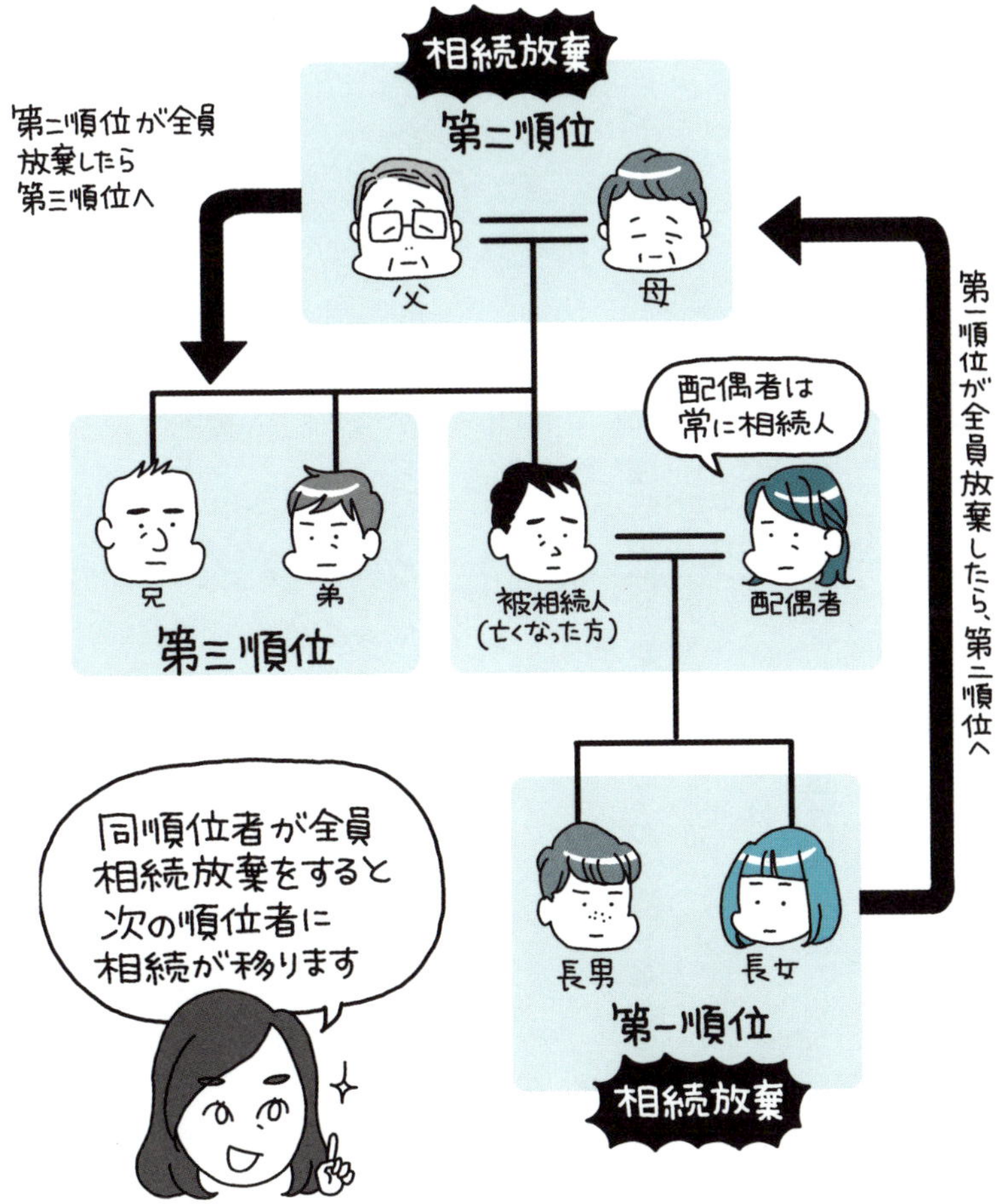
相続放棄
第二順位
父
母
第二順位が全員
放棄したら
第三順位へ
第一順位が全員放棄したら、第二順位へ
配偶者は
常に相続人
兄
弟
第三順位
被相続人
(亡くなった方)
配偶者
長男
長女
第一順位
相続放棄
同順位者が全員
相続放棄をすると
次の順位者に
相続が移ります

前田　相続人の一部だけが相続放棄をすると、借金がほかの相続人に移ってしまう可能性があります。たとえば無知さんの親が多額の借金を抱えていたとして、無知さんが相続放棄をすれば、親の借金を負うことはありません。

　でも、その代わりに、無知さんの祖父母やおじ・おば、いとこなどに、借金の返済義務が移る可能性があるんです。

無知　それはめちゃくちゃ迷惑な話ですね。じゃあ、相続放棄なんてしないほうがいいのでは？

前田　いえいえ。亡くなった被相続人が多額の借金をのこしていたようなケースでは、**相続人になり得るすべての人が相続放棄の手続きをすればいい**のです。そうすれば、亡くなった人の借金は帳消しになります。

国税　相続放棄の手続きをする期限は、3カ月以内という話ですが、この期限は絶対に守らないといけないのですか？

前田　はい。正確には**「自己のために相続の開始があったことを知ったとき」から3カ月以内に手続きが必要**です。何かしらの事情があって、3カ月以内に判断がつかない場合は期限を延長してもらえますが、その延長手続きも3カ月以内にしておかなければいけません。

　もし手続きをせずに3カ月の期間が過ぎてしまうと、**「単純承認」**といって、亡くなった被相続人の財産も借金も相続することになります。

相続する方法は3パターン

☑ 単純承認

プラスの財産もマイナスの財産（債務）も、すべて相続すること。借入金なども相続人が支払わなくてはならず、連帯保証人などの地位も引き継ぐ。

☑ 限定承認

相続によってもらったプラスの財産を限度として、マイナスの財産（債務）を相続すること。限定承認には相続人全員の合意が必要。自己のために相続の開始があったことを知ったときから3カ月以内に家庭裁判所で手続きをする。

☑ 相続放棄

プラスの財産もマイナスの財産（債務）も、どちらも相続しない方法。相続放棄は限定承認と異なり、ほかの相続人と相談せずに行える。自己のために相続の開始があったことを知ったときから3カ月以内に家庭裁判所で手続きをする。

国税 なぜ、亡くなった日から3カ月ではなく、知った日から3カ月なのでしょう。

前田 それは、誰か相続放棄をしたことで、新たに相続人になる人が出てくる可能性があるからです。たとえば、故人の妻とその子ども全員が相続放棄をしたとしましょう。すると、故人の父母が相続人に

なります。このような場合、父母が自分が相続人であることを知った時点で、亡くなった被相続人の死後3カ月がたっているかもしれませんが、「知ったときから3カ月以内」が相続放棄の期限ですから、心配はありません。

国税　では、「もう亡くなって3カ月だから相続放棄できない」と思い込まないようにしたいですね。

無知　それにしても、相続放棄をすると、もらえるはずだった財産がもらえなくなるんですよね。相続放棄をする人は、かなり珍しいと思うのですが。

前田　いえいえ。相続放棄の件数は年々増加の一途をたどっています。事情はいろいろあると思いますが、**故人がのこしたマイナスの財産（借金など）が、プラスの財産（預金など）よりも多いのであれば、相続放棄をしたほうがいいでしょう**。

ちなみに、**お香典や埋葬料、遺族年金、未支給年金は、相続放棄をしていても受けとれます**。被相続人が亡くなったことにより受けとる死亡保険金も、保険金受取人固有の財産という扱いなので、相続放棄しても受けとれます。

いずれにせよ、相続放棄をすべきかは、速く判断しなくてはいけません。そのためにも、被相続人の相続財産や借金の確認は1日でも早く終わらせるようにしましょう。

Point!

相続放棄をしても香典や埋葬料、遺族年金、未支給年金、死亡保険金は受けとれる

知らないと本当に怖い「借金」の相続

亡くなった被相続人が借金を抱えていた場合、さまざまな法律が関係してきます。ここでは知らないと大きな問題になりかねない3つのルールを説明します。

①財産を処分すると自動的に「単純承認」になる

民法のルールでは、**「亡くなった被相続人の財産の処分」**に該当する行為をすると、自動的に故人の財産と債務をすべて引き継ぐ「単純承認」をしたものとみなされ、3カ月以内であっても相続放棄ができなくなります。

たとえば、亡くなった被相続人が生前に加入していた医療保険から入院給付金が支給され、それを相続発生後に相続人が受けとってしまうと、被相続人の借金を引き継がざるを得なくなるのです。

◎財産の処分に該当するケース

☑ 相続財産の売却・贈与・相続財産に属する家屋のとり壊し、高価な美術品の損壊

☑ 経済的価値のあるものの形見分け

☑ 株主総会において相続人が議決権行使をする

☑ 亡くなった被相続人所有の貸家の賃料振込先を自己名義の口座へ変更
☑ 準確定申告をして還付金を受けとる（納税するケースは解釈が分かれる）
☑ 生存中の給付金（入院給付金・通院給付金・傷害医療費用保険金）を受けとる

●**財産の処分に該当しないケース**
☑ 相続人固有の財産（死亡保険金含む）で被相続人の借金などを弁済
☑ 相続財産からの葬儀費用・仏壇・墓石の購入費用の支払い
（不相当に高額なケースを除く）
☑ 経済的価値のないものの形見分け

②借金を引き継ぐ人を遺産分割協議で決められない

次に押さえておきたいのが、**「亡くなった被相続人の借金は法定相続分で分けるのが原則」**というルールです。

たとえば、相続人が兄弟2人なら法定相続分はそれぞれ2分の1ずつなので、相続放棄をしない限りは、被相続人の借金を兄弟で半分ずつ引き継ぐことになります。

より正確にいうと、相続人で借金の負担割合を決めることは可能なのですが、それを銀行などの債権者には主張できないのです。

つまり、銀行などの債権者からは、法定相続分で請求されてしまうわけです。

このルールは遺産分割協議の内容に左右されず、たとえ「A銀行の借金1000万円は長男が相続する」と遺産分割協議書に書かれていても、A銀行は次男にも借金の返済を迫ります。このように法定相続分で借金が引き継がれることを**「重畳《ちょうじょう》的債務引受」**といいます。

これを特定の人だけが借金を負う形にしたければ、債権者と交渉して、「免責的債務引受」を了承してもらわなくてはいけません。

故人が銀行からお金を借りていたのであれば、その銀行に**「財産をこういう分け方にしたいので、借金はこのようにさせてください」**といった申し出をするのです。

免責的債務引受に切り替えられるかは交渉次第になるため、借金のとり扱いを債権者にしっかり確認しておきましょう。

③見えない債務に注意

明らかにプラスの財産（預金など）のほうがマイナスの財産（借金など）よりも多ければ、相続放棄をする必要はないと思うでしょう。

ところが、そうした場合でも油断は禁物なのです。「お父さんには借金なんてない」と思い込んで単純承認をしたら、あとから多額の借金の返済を求められることもあるからです。

とくに恐いのが、被相続人が第三者の借金の連帯保証人になっていた場合です。この場合、連帯保証人になっていたことを本人が言わないと、家族は知りようがありません。たとえ知らなくても、法律上は相続人が連帯保証人の立場を引き継ぐことになり、場合によっては知らない人の借金を連帯保証人として肩代わりしなくてはなりません。

私が実際に遭遇した事例を簡単に紹介しましょう。

ある会社経営者が亡くなったとき、自分の会社の借金2億円の連帯保証人になっていました。相続人は長男・長女の2人で、長男が会社の経営を引き継いだのですが、業績が悪化して借金を返済できなくなりました。

その後、会社を継いだ長男はもちろん、長女も借金の返済を迫られてしまいました。前述の「重畳的債務引受」のルールから、連帯保証した債務が法定相続分で引き継がれていたからです。

このような連帯保証人としての債務も、相続放棄をすれば免れることができます。しかし、**3カ月の期限を過ぎるともはやどうしようもなくなる**ので、その前に弁護士などに相談し、致命的な事態に陥らないようにしてください。

PART 4

「遺産の分け方を決める」のがめんどくさい

……

遺産分割協議を円満に済ませるには

誰が何をもらうのか？

…「まとめ役」を立てることがポイント

国税 ここからは、相続財産の分け方を決めるコツをお聞きします。あとからめんどうな問題が起きないように、上手な分け方を知りたいな、と。まずは、スケジュール感から教えてください。

前田 遺言書がある場合は、原則として遺言書で指定されたとおりに分けますが、遺言書がなければ「遺産分割協議」、つまり相続人同士の話し合いによって分けます。

遺言書に遺産の一部しか書かれていないときも、のこりの遺産は遺産分割協議が必要です。

遺産分割協議は、一般的には四十九日が終わってからはじめることが多いです。その後の名義変更の手続きや相続税申告などにかかる時間を考えると、**できれば被相続人が亡くなってから6～8カ月以内を目安に遺産分割協議を終えたい**ところです。

無知 6～8カ月なんて、すぐに過ぎてしまいそうですね。

国税 たしかに。遺産分割協議をうまく進めるには、何がポイントになりますか？

前田 ズバリ、**「まとめ役の人」を立てることがポイント**です。基本的には、故人の一番近くに住ん

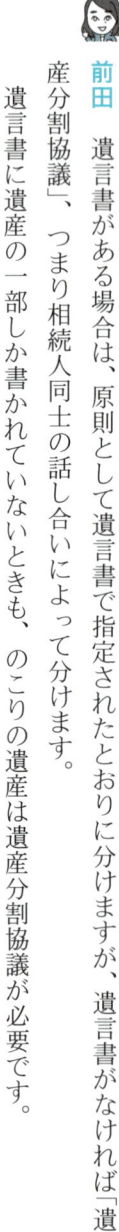

でいて、財産などの情報を把握している人がいいでしょう。もちろん、性格的にも信頼できる人がいいですね。

国税 私は実家のある福岡から離れて、埼玉で暮らしているので、実家の近くに住んでいる弟か妹にまとめ役をお願いしようと思っています。遺産分割協議は、通常1回で済むものなのでしょうか？

前田 私が経験した限り、**遺産分割協議で一番もめないパターンは1回で決める形**です。まとめ役の人が遺産分割協議書の案を用意しておき、各自が実印と印鑑証明をもち寄って、その場でハンコを押して済ませるというやり方です。

逆に、「一度持ち帰って考える」というスタンスにすると、意見が変わる可能性があり、話しがまとまるまでに時間がかかってしまうことが多いです。事前の準備をいかにうまくやるかが肝心です。

無知 会社の会議と同じで、準備なしで集まったら無駄な時間を費やしてしまうのは想像できます。

国税 私も、ある程度準備して1回で済ませるようにしたいと思います。遺産分割協議をするときは、その結果を遺産分割協議書にまとめますよね。その同意の前に、どんなことを話し合ったかを記録しておく必要はありますか？

前田 やはり**ボイスレコーダーで録音しておいたほうがいい**と思います。メモなどで議事録を作る方法もありますが、やはりボイスレコーダーが一番確実です。

国税 あとから「言った」「言わない」となると大変ですからね……。遺産分割の話し合いがまとまってからの手順を教えてください。

前田 遺産分割協議書のフォーマットは決まっていて、ネットで「遺産分割協議書・ひな形」とキーワ

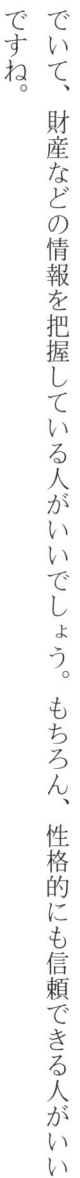

ード検索をすれば、ひな形を無料でダウンロードできるサイトがいくつか出てきますから、それに合わせて書き込んでいきます。遺産分割協議書に押す印鑑は「実印」でなくてはいけないので、実印がない人は事前に役所で印鑑登録を済ませておかなくてはいけません。

遺産分割協議書は、不動産や株式・預貯金などの名義変更の手続きで原本が必要になるので、相続人分作成しておくとよいでしょう。

無知　実印ですか。たしか自宅マンションを買ったときに作っていたと思います。遺産分割協議書に実印を押せば、遺産の分け方が確定するんですね。念のためにお聞きしたいのですが、あとで考えが変わったときに、遺産分割協議のやり直しは可能なのですか？

前田　**相続人が全員合意すれば、やり直しはできますよ。**でも、二度手間ですし、けっこう時間をとられてしまいますよね。相続税の申告期限のことなどを考えると、やり直しは避けたいところです。

国税　**申告期限後に遺産分割協議をやり直すと、税務署から贈与税が課せられる場合もありますから、避けたほうがいい**ですよ。

前田　だから、協議の内容に納得がいかないなら、最初から印鑑を押すべきではありません。これが最終結果と納得できたら、そこではじめて印鑑を押すようにしましょう。

Point!

遺産分割協議はまとめ役を立てて事前に分割案を用意しておくとスムーズ

どうすれば財産を漏れなく把握できる？

生前に「財産目録」を作っておけばラク…

国税　遺産分割協議書の案を作るときは、当然ながら相続する財産を把握しなくてはいけませんよね。

前田　故人が生前に現預金や不動産、株式、借金（ローン）など相続する財産を一覧にした「財産目録」を作っていればいいのですが、それがなければのこされた家族が財産目録を作らなくてはいけません。

この財産確認があやふやだと、遺産分割協議を済ませたあとで、財産や借金が見つかるかもしれません。そうなれば、あらためてその分をどう分けるかを話し合い、遺産分割協議書をまとめ直さなければなりません。状況によっては相続税申告のやり直しも発生するので、かなりめんどうになります。

国税　どうすれば財産を漏れなく把握できますか？

前田　泥くさいやり方ですが、**故人が過ごした部屋を中心に家のなかをくまなく探して、通帳や書類などの財産を見つけていくほかありません。**

通帳を見つけたら記帳をして、入出金の記録をヒントにほかの財産も調べましょう。保険料が引かれていたら保険に入っているでしょうし、株式の配当金が振り込まれていたら証券口座をもっているでしょう。保険会社や証券会社から、郵送で何かしらの通知が届いているはずなので、そうしたものも参考になります。

無知 なんだか大変そう……。やっぱり自分の財産は生前にきちんとリストアップしておかないと、のこされた家族は困りますね。不動産はどうでしょうか？ 僕の親は自宅を所有していることは知っていますが、聞いていないだけで、ほかにも所有しているかもしれません。

前田 前にもお話しした、**毎年必ず届く固定資産税の課税明細書をチェック**してください。これを見れば、どこに所有物件があるか把握できます。

ただし、けっこうこの通知を捨てている人が多くて、表紙だけとって残りは捨てるような人もいます。表紙以外に書かれている情報も大事なので、できるだけ1年は冊子のまま保存しておきましょう。

国税 もし通知を捨てていたら、法務局で固定資産税の課税証明書を得れば情報を確認できますよね。

前田 はい。また、不動産の一覧表である**「名寄帳」（固定資産課税台帳）**を確認すると、その人が所有している不動産を把握できますよ。名寄帳は、所有者もしくは、その相続人であれば市区町村に発行を請求できますので、ぜひ確認してみてください。

Point!

子どもに迷惑をかけないためにも、親が自分の財産目録を作っておくべき

見落としがちな相続財産は？

税務署は「へそくり」に目を光らせる…

国税 相続財産を把握するとき、故人名義のものはもちろんですが、家族名義のものもチェックする必要がありますよね。たとえば、家族が「へそくり」として貯め込んだ預金が、相続財産と判断されることもあるので。

無知 えっ？ どうして生きている家族の財産も、相続に関係があるんですか？

前田 亡くなった被相続人が家族などの名義を借用して作った預貯金口座、いわゆる**「名義預金」**の問題があります。たとえば、夫のお金をこっそり妻名義の口座に入れたり、タンス預金にしていたりすると、「実質的に夫の財産である」という扱いになります。これが税務調査で、よく目をつけられます。

国税 税務調査で**「申告漏れ財産」**の指摘を受けると、あらためて遺産分割協議が必要になります。そのため、家族に隠していたへそくりも、結局はバレてしまうんです。

しかも、相続税がかかることを認識しておきながら、申告からへそくりを除外したとなれば、追徴として**もっとも負担の大きな「重加算税」の対象**にもなりかねません。

前田　重加算税が課された財産は、**相続税の配偶者控除が適用されない**ことも痛いですよね。最初から素直に申告しておけば、配偶者控除でほとんど税負担がなくなるはずなのですが。

無知　国税さんにお聞きしたいのですが、税務署はどうやって名義預金を見つけるのですか？

国税　相続税調査に入るケースの多くは、生前の収入などの情報から想定される遺産額よりも少ない金額で相続税申告が行われています。そのような場合によくあるのが、**「家族に財産が流れている」**というものです。

亡くなった被相続人のお金が家族に流れ、普段の生活費や教育費などとして使われる分には問題ありません。でも、使われずに家族名義の預金などに貯まっていると、「これは相続財産ですよね？」という見方になります。

前田　私が関与した案件でも、時間をかけてチョコチョコと夫の収入からへそくりをしていた妻がいました。ひと月あたり十数万円くらいなのですが、これが何年も続いて大きな財産になっていたのです。

無知　家族のお金って、案外知らないものですよね。僕も妻がどれくらいのお金をもっているか知りませんが、へそくりが貯まっていたりして。

国税　前田先生は、そのような家族名義の財産も、相続税の申告書に載せるよう指導されますか？

前田　ケースバイケースですね。ただ、どうしても情報をくれず、申告書に載せられないこともあります。あるとき、「国税の人は奥様の財産も調べますよ」と言っても、強硬に通帳を見せてくれず、夫名義の財産だけで相続税申告をせざるを得ませんでした。すると案の定、税務調査が入り、あとから追徴を課されることになってしまいました。

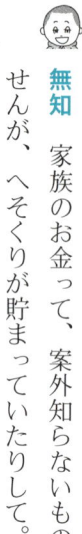

国税　きっと妻としては**「夫のお金は私のお金」という感覚だったのでしょうが、税務署はそのように考えません**からね。もっとも、正当に夫から妻に生前贈与されたお金であれば、「これは私のお金」という妻の主張は認められると思います。

無知　ええっと、へそくりだとダメで、生前贈与ならいい、ということですか？

国税　そうです。たとえば、**夫が稼いだお金をもとに妻が勝手に貯めたへそくりは、実質的に夫のものと判断される可能性が高い**です。でも夫と妻が合意して生前贈与していたなら、これは妻の財産。ということは、夫が亡くなったときに、相続財産とはみなされません。

前田　そうですね。だから、私はできるだけ過去のお金の動きをチェックして、生前贈与によるものなのか、ほかの理由によるものなのかを確認するようにしています。理由が把握できるものであれば、すべてを相続財産として計上する必要はありませんので、その点は注意が必要です。

国税　お金の動きは、どうチェックされていますか？　私が相続税調査をしていたときは、複数の通帳の動きを時系列で並べて、行き先がわからない大きな出金をピックアップしていました。

前田　私も同じような方法ですが、まずは個々の入出金を見る前に、残高の欄にざっと目を通します。そして、大きくお金が動いた欄に着目して、その理由を検証するようにしています。

　生活費はあまり変動しないので、普通は毎月同じペースでお金が動くのですが、たまにガクンと減るときがあれば、その理由を調べます。

国税　それは効率的ですね。預金口座が多いと、通帳を見るだけでは頭が混乱してくるので、大きな入出金をエクセルに入力して、時系列に並び替える方法もいいと思います。

無知

大きなお金の動きをチェックするだけなら、僕でも何とかやれそうです。

Point!

意図的な「名義預金」は重加算税の対象になり、相続税の配偶者控除が適用されないので絶対ダメ

毎月、夫の口座からチョコチョコとお金を引き出し、自分の口座へ。
ATM
へそくりへそくり
10年後、夫が亡くなる。
チーン…
毎月引き出したお金
○○BANK
夫
××BANK
妻
これって私のお金よね?
相続税の申告はしなくてもいいっか!
それダメです!
追徴課税払うことになりますよ!
えー!

相続不動産の金額はどう調べる？

…あくまで「時価」をベースに遺産分割協議をする

無知 不動産の確認は、固定資産税の通知や名寄帳で確認できるという話でしたが、金額についてはどう調べればいいですか？

前田 まず知っていただきたいのが、不動産の金額には複数の尺度があることです。相続税は、決まったルールで評価計算をします。

でも、**「相続税評価額」と「時価」との間には開きがあり、とくに都心の不動産などは評価額とかけ離れた時価で取引されることが珍しくありません**。

国税 相続税評価額は、あくまでも相続税の計算に使うものですからね。遺産分割協議は、時価をベースに考えるべきでしょうか？

前田 本来は、そうあるべきだと思います。これを相続税評価額ベースで決めてしまうと、あとでモメ事の火種になりかねません。「遺産分割協議のときは3000万円と評価していた土地が、5000万円で売れた」となると、ほかの相続人は不満を持ちますから。

でも、そのような感覚が欠けている税理士が少なからずいて、相続税評価額をベースに遺産分割をまとめようとしがちなんです。だから、**相続人自身が「時価をベースに遺産分割協議をする」と意識しておいたほうがいい**でしょう。

無知　じゃあ、どうすれば「時価」を調べられるのですか？

前田　一番シンプルなのは、不動産屋さんに所有する土地の時価を尋ねる方法です。できれば、数社に依頼してください。だいたいの相場が出てくると思います。この確認作業は税理士に任せてもいいです。

無知　できれば、自分で時価を調べられる方法があればいいのですが。

前田　ある程度の目安にするのであれば、国土交通省が発表する**「公示地価」**などの指標を見れば、その地域の時価の相場を把握できますよ。

公示地価というのは、企業や個人の土地取引や公共事業用地の取得についての目安となる土地の価格で、国土交通省が全国２万６０００地点の１月１日時点の１㎡あたりの価格をまとめて、毎年３月に公表しているものです。

ただ、公示地価の場合、周辺の状況や形、広さを踏まえた**「標準地」**の取引相場を示しているので、実際に相続する土地とは金額がズレることも多いです。とくに都心の不動産は、実際の「取引価格」と「公示価格」がかなり乖離している可能性があるため、やはり不動産業者に確認したほうが無難です。

どうしても自分で時価を調べたいなら、**相続税評価額から逆算する方法**があります。

国税　ぜひ説明をお願いします。多くの人は実家の土地・建物を相続する形になると思うので、相続税の評価額をもとに調べる方法を教えてください。

土地の評価額の指標

公示地価	地価公示法に基づいて国土交通省が発表する土地売買の目安となる価格で、毎年1月1日を基準日として3月に発表
基準地価	各都道府県が発表する土地売買の目安となる価格で公示地価を補うため、毎年7月1日を基準日として9月に発表
固定資産税評価額	各市町村（東京23区は都）が発表する固定資産税を支払う基準となる価格で、3年に一度の評価替えがあり、公示地価の約70%相当
路線価	国税庁が発表する相続税・贈与税の税額計算をする際の価格で毎年1月1日を判定の基準日として評価し、7月に発表、公示地価の80%相当
実勢価格	実際に土地の売買が行われる価格で、いわゆる「時価」

前田　では、まずは相続税評価額の基本から説明していきましょう。**建物については、固定資産税の評価額をそのまま使えます。**これは相続開始年の固定資産税の通知から調べられます。

問題は土地のほうです。土地については、基本的に**「路線価方式」**と**「倍率方式」**という2つの計算方法に分かれていて、「市街化区域」であれば路線価方式で、「市街化調整区域」であれば倍率方式で、相続税評価額を計算します。

固定資産税の通知書を見て、**「都市計画税」がかかっていたら市街化区域、なければ市街化調整区域と判断**してください。

国税　自宅の場合は、ほぼ市街化区域でしょうから、路線価方式になりますね。

無知　その路線価方式の路線価というのは、簡単に調べられますか？

土地の計算方式

◎路線価方式：その土地が接している道路の路線価に、宅地の形などに応じた補正率を掛けて修正し、所有している土地の面積を掛ける方法。道路に接している部分が多いだけ評価額は上がり、土地が2面に接している場合は、基本は高いほうを採用する。

◎倍率方式：固定資産税評価額に一定の倍率を掛け、土地の評価額を計算する方法。

前田　はい。路線価は、**「宅地1㎡あたりの相続税評価額」**を示す値で、毎年7月1日に国税庁がホームページ上で公開している「路線価図」から調べられます。

路線価図は住宅地図の形になっていて、**道路ごとに千円単位の路線価が設定**されています。たとえば自宅の敷地が接している道路に「２６０」という数字がついていたら、1㎡あたり「２６０，０００円」として相続税の評価額を求めることができます。敷地が１００㎡なら、「２６０，０００円」に１００を掛けて、２６００万円になります。

実際に相続税申告のために計算をするときは、接している道路の数や、土地の形状、用途などによって調整を加えなくてはいけませんが、まずはシンプルに路線価と面積を掛け算すれば十分です。

無知　その計算で出てくるのは、土地の相続税評価額ですよね。相続税評価額と時価は差があるということですが、どうすれば時価に換算できるのですか？

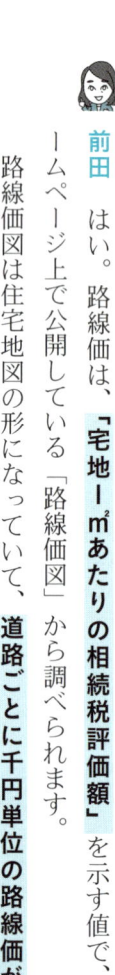

東京都渋谷区上原1（40027）の「路線価図」

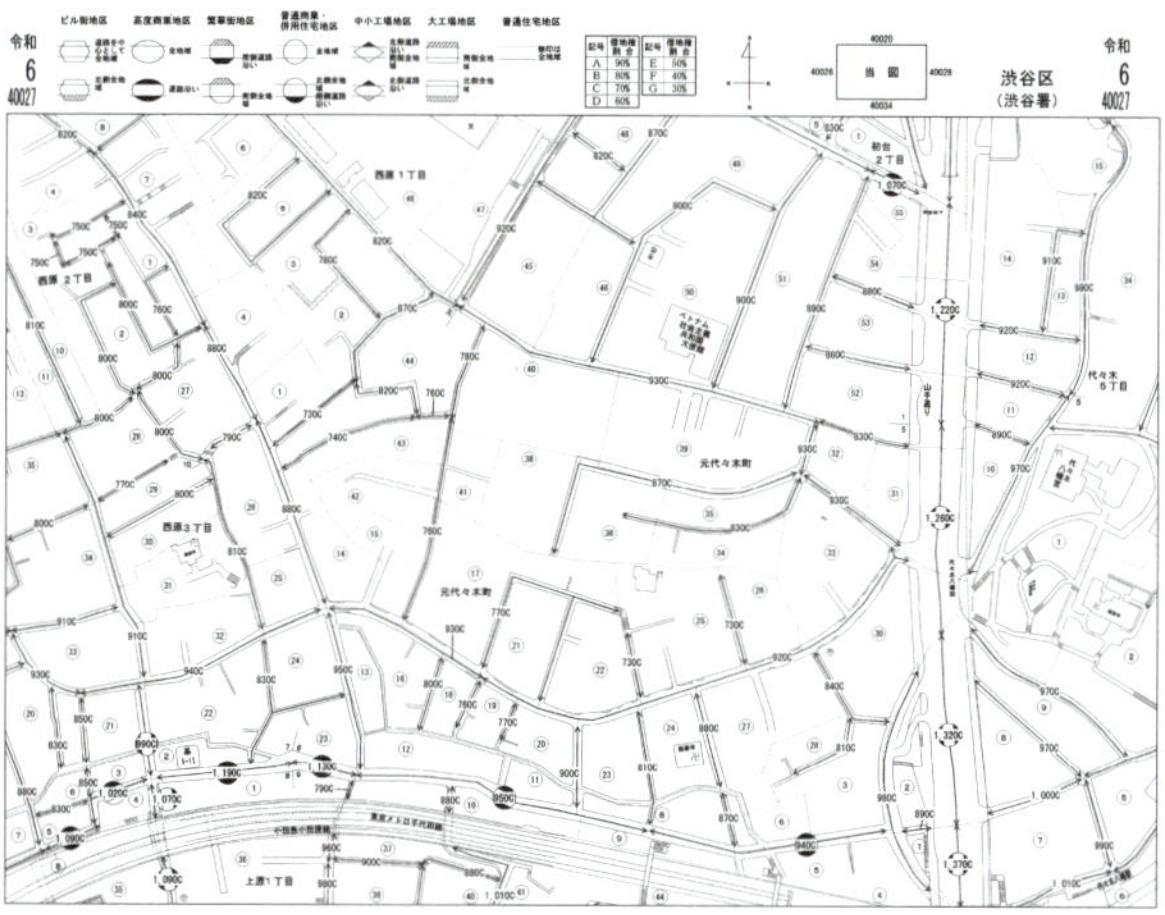

前田 **路線価はおおむね時価に対して8割ほどで設定されているので、0・8で割り戻すと時価に換算できます。**

たとえば、路線価が24万円の宅地であれば、時価に換算すると「24万円÷0・8」で1㎡あたり30万円ほどの時価と見込めますから、これを遺産分割協議の話し合いのときは参考にするといいです。

国税 路線価を調べるのは面白いですよね。自分の住んでいる地域の路線価を見れば、どのあたりの地価が高いのかがわかりますし。

無知 僕ははじめて知ったので、これから自分の家や実家の路線価を調べたいと思います！

前田 まだ相続が実際に起きていない人も、とりあえず相続する土地がどれくらいの相場なのかをチェックしておくといいですよ。

Point!

自分の家や実家の「路線価」を0・8で割り戻して「時価」に換算してみよう

相続財産はどうやって分け合えばいい？

法定相続分で分けなくても話し合い次第でいい……

国税　現預金や不動産など相続する財産を一覧にした「財産目録」を作ったら、遺産分割協議をはじめられますね。ここからのアドバイスは、何かありますか？

前田　先ほどもお伝えしたように、遺産分割協議をスムーズに進めるには、**まとめ役を決めて、あらかじめ〝たたき台〟を作っておくといい**です。事前に作った財産目録を見ながら、「この財産はこの人が相続するもの」と決まっているものを整理して、これに異論がないかを話し合っていくというやり方です。たとえば、「実家の土地・家屋は、その後も生活するお母さんが相続する」「株式は長男が相続する」といった感じです。

国税　たしかに、そういうベースとなる案があると、話し合いがしやすいですね。

前田　そのうえで、**のこされたお母さんの生活費などを考慮しながら、財産をどう相続人同士で分けるかを調整していきます。**

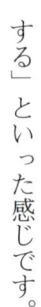

法定相続分と遺留分の割合

法定相続人の内訳	法定相続分の割合	遺留分の割合
配偶者のみ	配偶者：全部	法定相続分×1/2
配偶者＋子ども	配偶者1/2　子ども1/2	法定相続分×1/2
配偶者＋親	配偶者2/3　親1/3	法定相続分×1/2
配偶者＋兄弟姉妹	配偶者3/4　兄弟姉妹1/4	法定相続分×1/2※
子どものみ	子ども：全部	法定相続分×1/2
親のみ	親：全部	法定相続分×1/3
兄弟姉妹のみ	兄弟姉妹：全部	なし

※兄弟姉妹には遺留分はない

国税　けっこう勘違いしている人が多いように思うのですが、相続財産は法定相続分どおりに分ける義務はないですよね？

たとえば、相続人が妻と子1人であれば、それぞれ法定相続分は2分の1ですが、だからといって絶対に財産の半分を相続できるわけではない。

無知　そうなんですね。妻と子2人で相続するときも、半分ずつ財産を分けなくてもいいと。

前田　そうなんです。法定相続分は民法で定められた割合ですが、必ずしも法定相続分にそって分けなければいけないわけではありません。

遺言や遺産分割協議で決めた内容が、法定相続分よりも優先されます。

国税　現実的には、法定相続分どおりに遺産分割をするのは難しいですか？

前田　相続財産がすべて現金や預金なら話は別ですが、親が住んでいる不動産など、換金しにくい財産もあるので、法定相続分どおりとはいかない

ことも多いです。法定相続分はあくまで目安にとどめ、のこされた家族の生活や、気持ちを考慮して、落としどころを見つけていきましょう。

Point!

遺言や遺産分割協議で決めた内容は、法定相続分よりも優先される

自宅の分け方はどうする？

…「配偶者居住権」は使わなくてもいい

国税　遺産を分けるとき、判断が難しい財産はありますか？

前田　**それはなんといっても亡くなった被相続人の自宅、多くの人の場合は実家**です。実家の不動産は分けるのが簡単ではありません。

　前にお話ししたように、家は、その家に住み続ける人が相続するのが基本です。ただ、そうするとほかの相続人から「その分、ほかの財産を多くもらいたい」と言われる可能性があります。**とくに財産の大半が実家の不動産という場合、みんなが納得する形で財産を分けるのは難しいです。**

無知　では、具体的に実家の相続はどうすればいいんですか？

前田　やはり、**その家に住み続ける人がいるなら、その人が100％所有権を得るのがいい**と思います。そのことによって相続財産の分け方に偏りが出るとしても、住む人が相続するのが基本です。

　これを共有で相続すると、「住み続けたい人」と「売ってお金にしたい人」で意見が対立してしまい、家族仲が悪くなる可能性が出てきます。

国税　使う人が権利を得るのが基本ですね。そういえば、２０２０年４月に夫婦の一方が亡くなった場合、のこされた配偶者が故人の所有していた自宅に住み続けられる**「配偶者居住権」**が新設されましたよね。

つまり、**配偶者に自宅の所有権がなくても、配偶者が住み続ける権利が認められた**。お父さんが亡くなった場合、実家の所有権を子どもが相続しつつ、お母さんが住み続けることが可能になったわけですが、これは活用したほうがいいですか？

無知　新しい制度なら、何かメリットがあるのでは？

前田　正直に言えば、「あんなものは使わなくていい」と思っています。家族の仲がよければ、お母さんが家も預金も相続するのが普通の流れなので、配偶者居住権を使わなくても、生活が脅かされることはありません。

国税　では、配偶者居住権のことは考えなくてもいいと？

前田　少なくとも、**配偶者居住権のデメリットをきちんと把握しておいたほうがいい**です。なぜなら、下手に配偶者居住権をつけてしまうと、お母さんが老人ホームに入ったような場合、所有者が家を売ろうとしても売りにくくなります。しかも、子どもが所有している間は、子どもが住んでいない家の固定資産税を払い続けなくてはいけません。

このほか、配偶者居住権を消滅させて、所有者である子どもが家を売ることは可能なのですが、家を売ったときの税金の特例が使えなくなる恐れもあります。

亡くなった被相続人が住んでいた戸建て自宅（建物およびその敷地）を取得した相続人である子ども

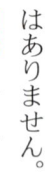

が、一定の条件下でその住宅を売却すると、譲渡所得の金額から最高3000万円まで控除できる**「3000万円控除」**という特例が使えるのですが、自宅を相続した子どもはその自宅に配偶者と一緒に住んでいなければ、この控除を使えません。

また、配偶者は配偶者居住権を消滅させた対価として、子どもから売却代金の一部をもらう可能性がありますが、実家に住んでいた配偶者であっても、この場合は「3000万円控除」を使えません。

無知　新しい制度だからといって、メリットばかりというわけではないのですね。

前田　そうです。もしかすると、**配偶者居住権を行使するがゆえに、遺産分割がもっとモメることになる**とさえ、私は考えています。

国税　では、住み続ける人がいないケースはどうでしょう？　たとえば、お父さんもお母さんも亡くなって、子どもたちが全員、遠方に住んでいるような家庭は多いと思います。

前田　その場合は、実家を将来的にどうするかを話し合っておかなくてはなりません。すぐに売却したいのか、将来的に誰かが住むために、のこしておきたいのか。そのような方針を踏まえて、分け方を考えましょう。

国税　もし売ることに相続人全員が合意していれば、実家を複数の相続人で共有して相続する**「共有分割」**でもいいというお話でしたよね？

前田　そうですね。むしろ共有分割にしたほうが、相続人全員にとって公平になるので、話し合いがまとまりやすくなるでしょう。

ただ、実際はそう単純な話ではありません。**実家を売れば、もう家族が帰る場所がなくなってし**

まいますから、それまでは少なくとも盆と正月は家族が集まっていたのに、もう顔を合わせる機会がなくなってしまう。実家以外の不動産なら売却しても、たいした問題は起きませんが、実家を売ってしまうのは少し寂しい気がします。

無知　僕も実家から遠く離れて生活しているので、実家がなくなると帰省する機会はほとんどなくなりそうです。

前田　実家の相続は、お金の問題だけではなく、その後の家族のあり方にも影響がおよびます。後悔のないよう、慎重に考えるべきです。

実家の相続は、お金だけでなく、家族全体が円満になることを優先したほうがいい

不動産よりも預金がほしい……

維持・管理が大変な不動産の話し合い

前田 先ほど実家の相続について話しましたが、**遺産分割協議で一番困るのが、「誰も相続したくない不動産」が相続財産に含まれているケース**です。

無知 そんな不動産があるんですか？

前田 とくに地方に多いのですが、先祖代々引き継いできた不動産があって、貸そうにも貸せず、売ろうにも売れないケースがあるのです。そんな不動産でも、相続すれば固定資産税や維持費はかかります。

無知 相続すると負担が増えるなら、僕もいらないです。

前田 そうなりますよね。そのような不動産は、相続人同士で押しつけ合いになってしまうのです。

これと似た話で**「お墓の管理」もモメやすいテーマ**です。お墓は財産ではないので、遺産分割協議をする必要はないのですが、誰が管理するかは決めておく必要があります。お墓の管理は負担になるので、やはり押しつけ合いになりやすいです。

国税 私はまだ経験がないのですが、お墓の管理ってそんなに大変なのですか？

前田　地域や宗派によっても異なりますが、お坊さんを呼んで、お墓の管理をするのに、多ければ年間何十万円もの出費になることもあります。しかも一度きりではなく、何年、何十年と続きます。

国税　そんなに！　しかも、お墓の掃除とか、お寺とのやりとりとか、手間もかかるわけですよね。

前田　だから、そういうことを考えずに誰かに押しつけてしまうと、あとで不満が出がちなのです。

国税　いらない相続財産やお墓の管理の問題は、どうすればうまく話し合いがまとまるのでしょうか？

前田　大事なのは、話し合いの結論を出す前に、**負担が生じることを相続人同士でしっかり認識すること**。そうすれば、あとから「こんなに大変とは聞いてなかった！」という不満を避けられます。

無知　事前に情報を共有しておかないと、あとでダマされた気持ちになりそうですね。

前田　ですよね。きちんと説明をすることに加えて、**負担を引き受ける人に対して、いくらか多めに財産を分けることも大切です**。

「売れない土地を相続してもらう代わりに、収益のある賃貸不動産も渡す」「お墓の管理をしてくれるなら、預金を200万円多めに分ける」といったように配慮するわけです。

国税　遺産分割協議は、その時点の財産の金額で決めるものと思っていましたが、その後の影響も考えておく必要があるのですね。

Point!

相続したくない不動産やお墓の管理などの負担を加味して財産を分け合う心の大きさが大事

遺産分割のキーパーソンは〝相続人の妻〟

私はこれまで数多くの遺産分割を目にしてきましたが、モメる家庭に共通しているのは、**「相続人の妻」が口を出してくるケース**です。

女性が相続人で夫が口を出してくることもありますが、多くの場合は男性の相続人の妻がトラブルの火種になります。女性が家計を握っていることが多く、お金に関してシビアなのです。

たとえば、親子で遺産分割協議の話し合いが済み、「お父さんの財産は、お母さんが全部もらってよ」という形でまとまりそうだったのに、あとから相続人の妻が「うちも財産をもらわないと！」と首を突っ込んできて、振り出しに戻るといったことは少なくありません。

法律上、相続人の配偶者は、遺産分割協議に口を出す権利はないのですが、実際には影響が及びます。そのため私は、そのような配偶者たちを**〝間接的な相続人〟**と捉えています。

なかでも遺産争いがシビアになりやすいのが、**次男の妻が口を出してくるパターン**です。

今でも地方の多くでは、「両親のめんどうを見るのは長男の家族」という不文律があり、その代わりに実家の土地・家屋などを長男が相続するのが一般的です。

そうすると、次男の妻が、「お義兄さんのところは実家をもらうのだから、うちはお金を多くもらいたい」と主張してくるのですが、長男側は家を継いで舅《しゅうと》や姑《しゅうとめ》の世話をしてきているので、「うちが多くもらえて当然」という考えで譲りません。

私が実際に経験したケースでは、次男が気弱なタイプだったのですが、その妻がかなり気の強い人でした。

相続人同士の話し合いはスムーズに進み、お母さん、長男、次男で意見がまとまっていたのに、あとから私の事務所に次男の妻から電話が入り、**「あんた、何を吹き込んでいるのよ！」**と怒鳴りつけられたのです。

結局その件では、次男が遺産分割協議書にハンコを押さず、話し合いが決裂してしまったのですが、お母さんがとても悲しんでいたのを覚えています。

「前田先生、こんなことになって申し訳ないね」と謝られて、なんともいたたまれない気持ちになりました。

このほかにも、遺産分割の話し合いのときに、財産目録に載っている預貯金の額が少ないことから同居している親族が疑われたこともありました。

「お母さんの生活費として使った」と説明したものの不穏な空気になり、**「それなら通**

帳を確認すればいいじゃないか！」と同居している親族が、**同居していない親族に対して預金通帳を投げつけたのです。**

このように相続に直面すると、普段は平穏な間柄でも、本気のケンカに発展してしまうこともあります。それまで仲が悪かったわけではないのに、相続に直面すると、ため込んできた気持ちが爆発してしまうのです。

「お兄ちゃんは私立大に行かせてもらった」「孫の小遣いをたくさんもらっていた」「派手な結婚式をしてもらった」などと、昔話がいろいろと出てきて、話がこじれてしまいがちです。

日本人もかつてのように豊かではなく、将来的な不安も高まっていますから、みんなお金のことになると必死です。

人生でまとまったお金が入るタイミングは、普通は2回だけ。それは、退職時と相続時といわれます。だから相続のときは、「ここでお金をもらわないと」という気持ちが高まりがちです。

だからこそ、私は**相続では「公平」よりも「納得」を重視**しています。相続に唯一絶対の答えはなく、お互いに譲り合い、落としどころを探るスタンスでいることが大事です。法律のルールも大事ですが、それ以上に当事者の気持ちに配慮することで、致命的なトラブルを避けることができるはずです。

PART 5

「相続財産の名義変更」がめんどくさい

…財産ごとに手続きが必要

思ったよりもめんどくさい？ …金融機関の預金の名義変更

国税 遺言書の確認や遺産分割協議が終われば、相続財産を相続人に引き継げると思いますが、その手続きについてここからお聞きします。まずは何からやるといいのでしょうか？

前田 相続税の支払いなどでお金が必要であれば、**預金の名義変更と保険金の請求は早めにやっておくといいです**。死亡保険金の請求は「死亡診断書」があれば簡単にできますが、預金の名義変更は少しめんどうです。

国税 では、預金の名義変更をラクにやるコツについて教えてください。

前田 預金の場合、亡くなった被相続人の口座を直接、名義変更するわけではありません。**故人の口座を解約して、相続人の口座に移す手続き**をします。基本的には必要書類をそろえて窓口に行けば、手続きができます。

無知 その手続きは、故人の口座のある支店に行かなければいけないのでしょうか？ 遠方だと大変だと思いまして。

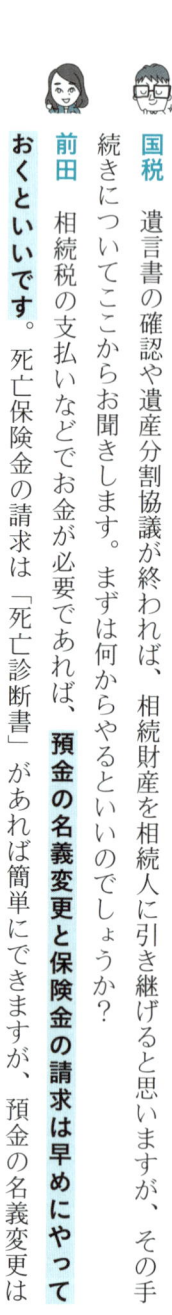

預金の名義変更に必要なもの

遺言書がある場合	遺言書がない場合
☑ 遺言書（自筆証書遺言の場合は検認済み証明書） ☑ 被相続人の戸籍謄本（原本、出生から死亡までの連続したもの※法定相続情報一覧図で代用可） ☑ 遺言執行者の印鑑証明書（原本） ☑ 金融機関指定の相続に関する書類 ☑ 被相続人の通帳、キャッシュカード、証書（喪失していても手続き可能）	☑ 遺産分割協議書 ☑ 被相続人の戸籍謄本（原本、出生から死亡までの連続したもの※法定相続情報一覧図で代用可） ☑ すべての相続人の戸籍謄本（原本） ☑ すべての相続人の印鑑証明書（原本） ☑ 金融機関指定の相続に関する書類 ☑ 被相続人の通帳、キャッシュカード、証書（喪失していても手続き可能）

前田　**同じ銀行であれば、基本的にどこの支店でも手続きできます。**手続きをする人の都合のいい支店に行けば大丈夫だということです。銀行によって必要書類が多少違う可能性があるので、事前に電話などで確認しておきましょう。

国税　最近はリアル店舗のないネット銀行にお金を預けている人も多いと思いますが、手続きはどうすればいいですか？

前田　その場合は電話やメールで相続が発生したことを知らせたうえで、郵送により手続きができます。必要書類は、リアル店舗のある銀行と基本的に同じで、これを提出すると口座を解約できます。

国税　銀行の手続きはそこまで難しくなさそうなのですが、実際はどうなのでしょう。

前田　これは必要書類を用意できるかどうかによります。書類が足りなければ窓口に行っても手続きできず、あらためて行かなくてはいけないので、時間がかかります。**必要書類のなかでも、とくにポイントになるのが、戸籍関係です。**本籍地の移動状況や家族関係によっては戸籍謄本が何十枚も必要になります。これを銀行にチェックしてもらい、コピーもとられるので、かなり待たされることを覚悟してください。

そこで、ぜひ前にお話しした相続関係を一覧に表した「法定相続情報一覧図」を法務局からとっておきましょう。これがあれば戸籍謄本の代わりになり、スムーズに手続きができます。

無知　法務局で手続きすれば、法定相続情報一覧図をもらえるんでしたよね。忘れずにとっておきます。

Point!

戸籍関係の必要書類は「法定相続情報一覧図」で代用できる

株式や投資信託はどうやって引き継ぐ？
…証券会社で相続人の口座を開設

国税　次に、証券会社の手続きについて教えてください。

前田　亡くなった被相続人が証券会社に預けていた株式や投資信託などがあれば、**「移管」**という手続きが必要です。移管をするには、相続人がその証券会社に口座を開設しなくてはいけません。

無知　別の証券会社に口座があっても、それは使えませんか？　僕は証券口座をもっているのですが、父とは違う証券会社を使っています。

前田　残念ながら、原則は亡くなった被相続人と同じ証券会社の口座が必要になります。被相続人が「○×証券」に口座をもっていたら、相続する人も同じ「○×証券」に口座を開設するのが基本です。

国税　証券会社の手続きは、それだけで終わりですか？

前田　いえ。亡くなった被相続人が所有していた株式のなかに、**「タンス株」**や**「単元未満株式」**が**あった場合は、別途手続きが必要**です。タンス株は、証券会社に預けられていない紙の株券です。平

証券口座の名義変更に必要なもの

遺言書がある場合	遺言書がない場合
☑ 被相続人の戸籍謄本（原本、出生から死亡までの連続したもの※法定相続情報一覧図で代用可） ☑ 遺言書（自筆証書遺言の場合は検認済み証明書） ☑ 株式等を承継する人の印鑑証明書（原本）	☑ 被相続人の戸籍謄本（原本、出生から死亡までの連続したもの※法定相続情報一覧図で代用可） ☑ すべての相続人の戸籍謄本（原本） ☑ 遺産分割協議書 ☑ すべての相続人の印鑑証明書（原本）

成21（２００９）年1月5日以降、紙の株券は廃止されて電子化されているのですが、タンス株のまま保管されていて電子化できていないケースがあります。

　一方、単元未満株式は、株式の銘柄ごとに決まっている、最低限まとめて売買しなければいけない株式数に満たない株式を指します。たとえば、トヨタ自動車の場合、単元株は１００株なので、１９９株をもっていたら99株が単元未満株式になります。

　単元未満株式は、発行会社が株式分割などをした場合に発生し、株式を保有する本人も存在を知らないことが多いです。

国税　タンス株や単元未満株は、相続税調査でもチェックされることが多いです。案外、それなりの財産になることがあるんですよね。

無知　へえ、そうなんですね。相続人として調べるにはどうすればいいですか？

前田　そうした株は、**発行会社の株主名簿管理人の特別口座で管理**されています。トヨタ自動車なら、現在は三菱ＵＦＪ信託銀行が株主名簿管理人ですが、ネットで「トヨタ自動車・株主名簿管理人」のようにキーワード検索すれば、銘柄ごとにどこが株主名簿管理人になっているか調べられますよ。

あとは、株主名簿管理人の窓口に電話して、相続が発生したことを伝えれば、特別口座に株式が残っているかを教えてもらえます。もし株式が残っていれば、相続する人の証券口座に移管できますし、単元未満株式については**時価で買いとってもらうことも可能**です。

国税　時価ということは、手続きをするタイミングによって金額が変わるわけですね。

前田　はい。単元未満株式に限らず、**証券を相続するときは、価格変動に注意する必要があります**。

相続したあとに換金する人が多いのですが、そのタイミングによっては損をしてしまうかもしれません。遺産分割協議や相続税申告のときは１０００万円の価値があると思っていたら、換金する日によっては５００万円になってしまった、ということもあり得ますので。

国税　逆に、値上がりする可能性もありますから、換金するタイミングはよくよく考えたほうがいいですね。

Point!

株式を相続するには同じ証券会社に口座を開いて「移管」する

不動産の名義変更は自分でできる？

…法務局の窓口で登記申請できる

国税　次に不動産の名義変更ですが、これは自分でできますか？

前田　土地・建物の名義人を変更する**「相続登記」の手続きは、相続人が単独で法務局の窓口で登記申請できます**。相続人以外が遺言によって不動産を引き継ぐ**「遺贈登記」の場合、不動産を受ける人と、相続人全員または遺言執行者が共同で申請しなくてはいけません**。

国税　遺言執行者がいない遺贈登記になると、けっこう大変そうですね。

前田　はい。それに相続登記よりも遺贈登記のほうが、手続きのために支払う**「登録免許税」**が高く設定されています。さらに、相続登記ならばかからない「不動産取得税」が、遺贈登記の場合はかかります。

たとえば、固定資産税評価額が2000万円の土地を名義変更するなら、相続登記ならその0・4％の8万円の登録免許税のみで済みます。これが遺贈登記の場合、2％の40万円の登録免許税と、4％の80万円の不動産取得税（軽減措置なしの場合）がかかる計算です。

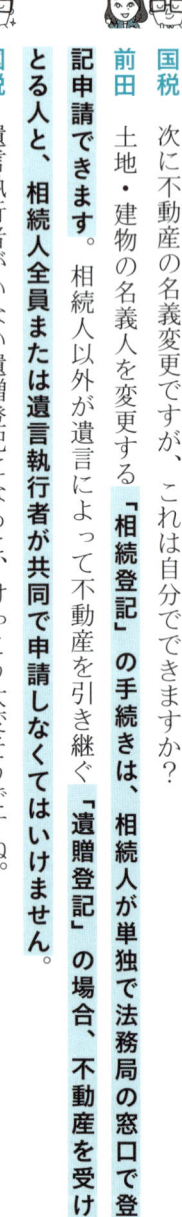

不動産の名義変更に必要なもの

遺言書がある場合	遺言書がない場合
☑ 遺言書（自筆証書遺言の場合は検認済み証明書） ☑ 被相続人の戸籍謄本（原本、出生から死亡までの連続したもの※法定相続情報一覧図で代用可） ☑ 不動産を承継する人の住民票の写し（本籍地の記載のあるもの） ☑ 不動産を承継する人の戸籍謄本（原本） ☑ 固定資産税課税明細書（最新のもの）	☑ 遺産分割協議書 ☑ 被相続人の戸籍謄本（原本、出生から死亡までの連続したもの※法定相続情報一覧図で代用可） ☑ 被相続人の住民票の除票（本籍地の記載のあるもの） ☑ 不動産を承継する人の住民票の写し（本籍地の記載のあるもの） ☑ すべての相続人の戸籍謄本（原本） ☑ すべての相続人の印鑑証明書（原本） ☑ 固定資産税課税明細書（最新のもの）

国税　かなり違いますね。では、名義変更の手続きの方法を教えてください。

前田　登記申請のひな形や記載例は、法務局のホームページに掲載されていますから、それを見ながら自分で作ってみてもいいでしょう。ただ、司法書士に任せる人が圧倒的に多いです。司法書士に手続きを任せるときは、**不動産1件につき5万円程度の手数料が相場**です。

無知　相続登記の手続きをしない人が多いと聞いたことがありますが、やっぱりそういう費用を払いたくないからなのでしょうか？

前田　費用や手続きの手間から、相続登記をせずに放置されているケースは多いようです。でも、今までは相続登記をしなくとも罰則はありませんでしたが、これから変わります。

　全国的に所有者不明の土地が増えていることが社会問題になっていて、**2024年4月1日から相続登記が義務化**されることになりました。

義務化されたあとは、正当な理由もなく相続登記の申請をしないと**10万円以下の過料**が科される可能性があります。

無知　罰金を避けるには、いつまでに相続登記の手続きをすればいいんですか？

前田　基本的には、**不動産の相続を知ってから3年以内に相続登記の申請**をする必要があります。

新制度がはじまる前に相続が発生していた物件も義務化の対象になるのですが、**3年間は猶予**の期間が設けられています。つまり、２０２４年３月31日までに相続した不動産も、２０２７年３月31日までに相続登記の申請を済ませなくてはいけません。

国税　とはいえ、家族間で遺産分割協議がまとまらない可能性もあります。その場合も3年以内に登記しないといけないのですか？

前田　遺産分割協議が難航するなどして登記期限に間に合わない場合は、同時に新設された**「相続人申告登記」**の手続きを利用する方法があります。

相続人申告登記というのは、自分が相続人であることを法務局に申告して、そのことを示す戸籍謄本を出せば、単独で相続登記ができるというものです。この手続きをしておくと、3年以内の相続登記の申請義務を果たしたとみなされ、10万円以下の過料を一時的に免れることができます。

無知　一時的に、というのは？

前田　相続人申告登記はあくまで仮の登記なので、本来の登記はいずれしなくてはいけません。それに、**相続人申告登記をしただけでは、その不動産の売却などはできません**。

そのため、相続人申告登記をしたあとに、遺産分割協議で不動産を引き継ぐ人が確定したら、その日

相続した土地を国が引きとる「相続土地国庫帰属制度」の流れ

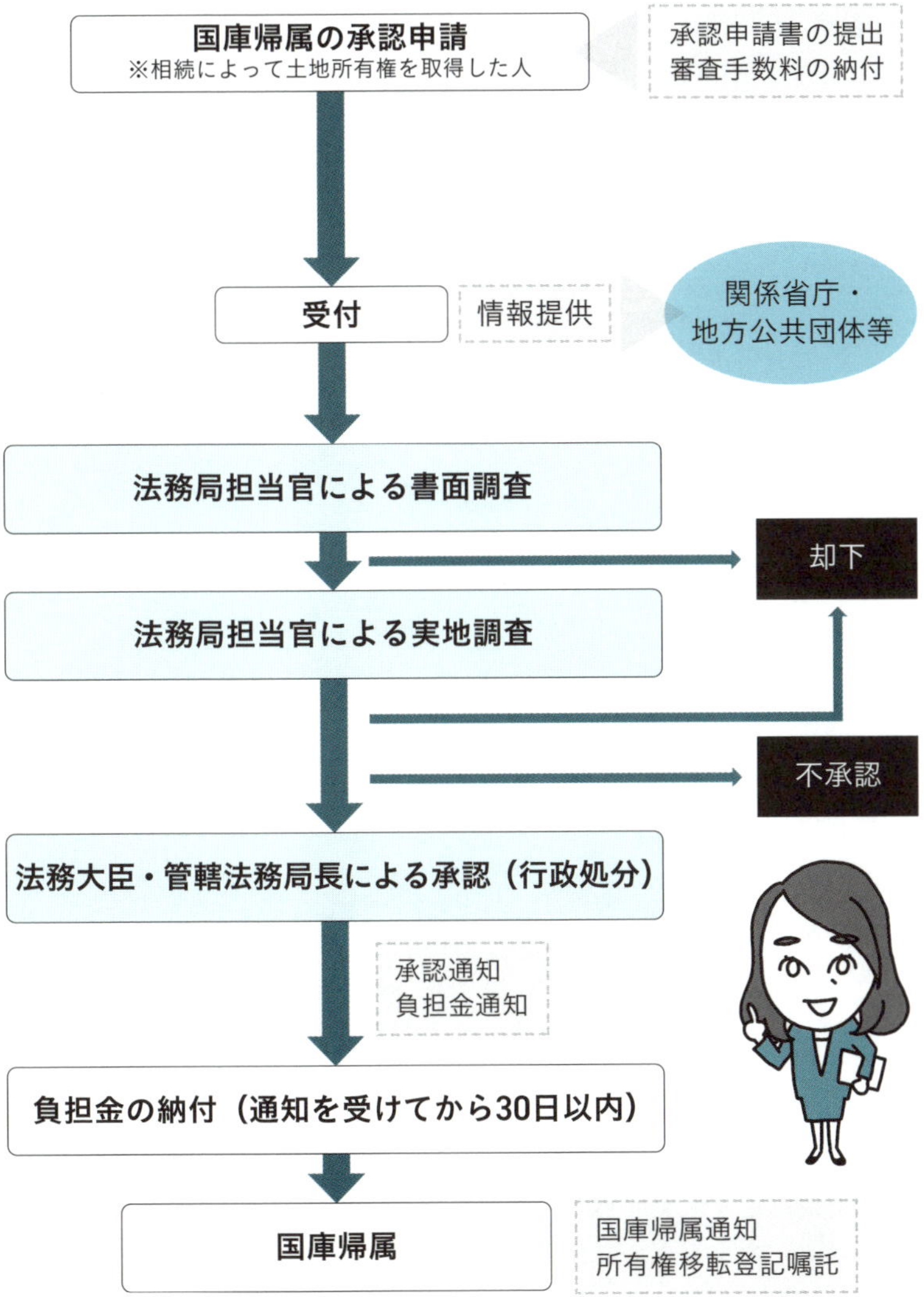

「相続土地国庫帰属制度」の負担金算定例

①宅地	面積にかかわらず、**20万円** ただし、都市計画法の市街化区域または用途地域が指定されている地域内の宅地については、面積に応じ算定
②田畑	面積にかかわらず、**20万円** ただし、以下の田畑については、面積に応じ算定 ア　都市計画法の市街化区域または用途地域が指定されている地域内の農地 イ　農業振興地域の整備に関する法律の農用地区域内の農地 ウ　土地改良事業等（土地改良事業又はこれに準ずる事業であって帰属法施行規則第15条に規定する事業）の施行区域内の土地
③森林	面積に応じ算定
④その他 ※雑種地、原野等	面積にかかわらず、**20万円**

から3年以内に相続登記をしなければなりません。これを怠ると、やはり10万円以下の過料が科されます。

無知　前に前田先生がおっしゃっていたように、誰も相続したくない不動産があると、話がまとまりませんよね。それでも罰金がつくのはちょっとひどいような……。

前田　そこで、かねてから要望の出ていた、いらない土地を国に引きとってもらえる制度が2023年4月27日にスタートしたので、これも覚えておくといいです。

この制度を使えるのは、相続や遺贈（相続人に対する遺贈に限る）により、土地の所有権を取得した人に限られます。自分で買った土地や、道路として使われている土地、崖のある土地などは認められません。また、抵当権の設定や争いがない更地であることも条件です。

国税　借金の担保になっていたり、土地に建物が建っていたりすると使えないのですね。簡単に手続きの流れを教えてください。

前田　まずは法務局に承認申請をします。その後、審査が行われ、問題がなければ承認されます。承認を受けたら、負担金を納め、土地の所有権が国に移ります。

無知　費用はいくらくらいかかるのですか？

前田　手数料は土地一筆あたり1万4000円です。あとは、国の管理費用の一部を負担する必要があり、国有化する土地の状況に応じてかかります。たとえば市街化区域にある200㎡の宅地であれば、負担金は79万3000円となります。

無知　けっこう高いですね。

前田　そう思われるでしょうが、国有化の手続きをせずに所有し続ければ、固定資産税などのコストがかかるわけですから、これぱかりは仕方がありませんよ。

Point!
不動産の相続を知ってから3年以内に相続登記の申請が基本。間に合わなければ「相続人申告登記」の手続きを

相続した家を売るときは？

…特例を使うなら期限に注意

国税　不動産の名義変更が終われば、売却することもできますが、このときのアドバイスはありますか？

前田　まずは、前にお話しした「小規模宅地等の特例」のルールに注意してください。**家を相続するのが配偶者以外だった場合、相続税の申告期限までは相続した人が所有し続ける必要があります。**だから、それが過ぎるまでは、家を売らないようにするということですね。

次に、不動産を売却したときは**「売却益（譲渡所得）」**に応じて所得税と住民税がかかることも理解しておきましょう。譲渡所得の計算は、売却収入から、その不動産の取得費や、売却にかかった手数料などを差し引いて計算します。たとえば、3000万円で購入した土地を5000万円で売却して、300万円の諸費用がかかったなら、「5000万円−3000万円−300万円＝1700万円」と譲渡所得は1700万円となり、これをベースに税金を計算します。

無知　思ったよりも、計算はシンプルですね。

前田　土地の場合はこのようにシンプルに計算できますが、**建物の場合は「減価償却」という計算が**

必要です。細かい説明は割愛しますが、建築後の経過年数に応じて譲渡所得を計算するときに差し引ける取得費が目減りしていくので、注意してください。

国税 税務署で相談対応をしたとき、「相続でタダでもらった不動産だから取得費はゼロ」と勘違いしている人がいました。でも、亡くなった被相続人が、その不動産を買ったときの取得費を引き継げますよね。お父さんが３０００万円で買った土地を相続して売ったなら、３０００万円を取得費にできます。

前田 はい。**だから、不動産を買ったときの契約書や領収書などは絶対に捨ててはいけません。**もし捨ててしまって購入費などがわからないと、最悪の場合は売却収入の５%しか取得費として認められません。**こうなると売り値の9割近い金額が譲渡所得になるので、かなり税負担が重くなります。**

無知 それは知りませんでした。うちの両親、ちゃんと契約書とかとっていないような……。

前田 ぜひ、確認してみてください。譲渡所得の計算が終われば、税金の計算に移ります。ここは**「売却益の2割ほどの税金がかかる」**と思っておくといいでしょう。譲渡所得にかかる税率は一律で、所得税と住民税を合わせて20・３１５%なので。ただし、**「不動産を売った年の1月1日時点で所有期間が5年未満」の場合、税率が39・63%に跳ね上がってしまいます。**

国税 相続不動産は亡くなった被相続人が購入した時点から所有期間を数えるので、普通は5年以上になると思いますが、もし亡くなる直前に購入された不動産を相続したのなら、税率に注意が必要ですね。**場合によっては、5年の所有期間が過ぎて税率が下がってから売ったほうがいいかもしれません。**

無知 売るタイミングを待つだけで税率が半分になるなら、そうしたほうがいいですね。

国税 次にお聞きしたいのが、不動産の売却益（譲渡所得）に使える特例についてです。特例はいくつもありますが、とくに相続不動産を売るときに使い勝手のいいものは何だと思いますか？

前田　売却する不動産が、故人の自宅として使われていたものであれば、**「相続空き家特例」**はぜひ検討したい特例です。これは譲渡所得から最大3000万円を差し引いてくれるもので、確定申告をするときに特例を使うと**譲渡所得が3000万円以内なら無税**になります。税率が20・315％と考えると、最大で600万円ほどの節税効果があるということです。

ただし、いくつか要件があるので、これを満たしているか確認しておきましょう。

相続空き家特例の対象となる不動産（要件抜粋）

- ☑ **昭和56（1981）年5月31日以前に建築された家屋とその敷地**
- ☑ **相続開始の直前において、被相続人以外に居住をしていた人がいなかった**
- ☑ **相続のときから売却するまで、事業用、貸付用、居住用に供されていない**
- ☑ **売却代金が1億円以下**

国税　建築年月日と、亡くなった被相続人が1人暮らしをしていたかどうか、売却するまで空き家だったかを確認して、1億円以下で売れば使えるということですね。

前田　細かい要件はほかにもありますが、おおむねそんなところです。**とくに注意するのは建築年月**

日です。いわゆる**旧耐震基準で建築された家屋しか適用できない**ので注意が必要です。また、不動産に関する条件のほかに、売り方に関する要件にも注意してください。「相続の開始があった日から3年を経過する日の属する年の12月31日までに売る」という条件があるのですが、この特例は**2027年12月31日までの期間限定**の措置となっています。今後の法改正により期限が延長される可能性もありますので、最新情報を確認してください。なお、この特例を使って譲渡所得が0《ゼロ》になったとしても確定申告は必要です。

国税　ほかにも何か検討すべき特例はありますか？

前田　これは相続税がかかる人限定ですが、**「取得費加算の特例」**も押さえておきたいです。相続税を納めた人が、相続の開始があった日の翌日から3年10カ月以内に相続不動産を売却した場合に、譲渡所得を計算するときの取得費を増やせます。

簡単にいうと、**相続不動産にかかった相続税を、譲渡所得を計算するときの経費にできる**ということです。相続空き家特例ほど細かい要件はないのですが、やはり確定申告が必要です。

ただし、相続空き家特例との選択になりますので、どちらが有利かを判定する必要があります。一般的には、**相続空き家特例のほうが有利**になります。

国税　特例を使えるかどうかで税負担がかなり変わるので、チェックしておくべきですね。

特例を活用するためにも不動産を買ったときの契約書や領収書などは絶対に捨てないでとっておく

自動車の相続手続きも必要？

…普通車と軽自動車で違う車の名義変更

国税　相続財産に自動車があったら、これも相続手続きが必要ですよね。

前田　はい。車検証に所有者が登録されていますよね。その所有者が亡くなったら、相続人の名義にしないといけません。そうしないと車検がとおりませんし、自動車を売ったり廃車したりすることもできません。**法律上は所有者が代わったら15日以内に名義変更の申請をするルール**になっています。

無知　自動車の名義変更の手続きは、めんどくさいのでしょうか？

前田　そこまでめんどくさくはないのですが、普通自動車と軽自動車で窓口や手続きが違います。

普通自動車の場合は、車のナンバープレートを管轄する運輸支局が窓口になります。新たに自動車を使用する住所を管轄する運輸支局に書類を出して、名義変更の手続きをします。

最低限必要になる書類は、被相続人が生まれてから亡くなるまでの**「戸籍謄本」「車検証」「申請書」「手数料納付書」**の4つです。手数料納付書には、500円分の印紙を貼る必要があります。

ほかに必要な書類は、「代表相続人」が手続きをするか、「相続人全員」で手続きをするかで違います。

国税 普通は代表相続人がやるでしょうから、そのパターンで教えてください。

前田 はい。その場合、相続人全員の実印が押された**「遺産分割協議書」**、新所有者の**「実印」**と**「印鑑証明書」**が必要です。もし遺言書があれば、遺産分割協議書に代えて**「遺言書」**を持参してください。
相続する自動車の時価が１００万円以下の場合は、遺産分割協議書に代えて**「遺産分割協議成立申立書」**という簡単な書類を使って手続きすることも可能です。

国税 では、一方の軽自動車の手続きはどうでしょうか？

前田 **軽自動車の場合は、運輸支局ではなく特別民間法人「軽自動車検査協会」が窓口**になります。
こちらは普通車よりも簡単に手続きができて、遺産分割協議書などを添付する必要はありません。

国税 名義変更をすれば、その後の税金の通知などは相続した人のところにくるのですか？

前田 はい。あとは自動車保険に入っていると思うので、その相続手続きも忘れないでください。

無知 そっか、保険も切り替えておかないと。事故にあうと大変ですからね。

前田 このときにおすすめなのが、**自動車保険の「等級」を引き継ぐ手続き**です。自動車保険は、事故歴などに応じて等級が決まり、等級に応じて保険料が決まる仕組みになっています。なので、亡くなった被相続人が長年無事故だったら、保険料の割引が高くなっているはずです。
その優良な等級を相続人が引き継ぐことができるのです。**等級が7等級以上であれば、基本の保険料よりも安い**ので、引き継いだほうがお得です。

自動車保険の等級の引き継ぎが可能な人

☑ **亡くなった記名被保険者の配偶者**
☑ **亡くなった記名被保険者の同居親族（6親等内の血族）**
☑ **亡くなった記名被保険者の配偶者の同居親族（3親等内の姻族）**

無知　うちの実家の車は古いので、相続したらすぐに廃車にするかもしれません。

前田　車を完全に廃棄するには、**「永久抹消登録」**という手続きが必要です。この手続きは、ナンバープレートを管轄する運輸支局で行います。そのためにまずやるべきことは、引取業者などに車を持ち込み、解体することです。このときに、ナンバープレートを受けとるとともに、解体に関する**「移動報告番号」**と**「解体報告記録がなされた日」**がわかる書面を受けとります。

あとは、車検証や戸籍謄本、印鑑証明書（発行後3カ月以内のもの）を実印とともに、運輸支局に持ち込みます。タイミングによっては、自動車重量税の還付を受けることができます。

Point!
保有する車の所有者が代わったら15日以内に名義変更の申請を

ゴルフ会員権の相続はどうする？

…名門の会員権なら数百万円単位の出費を覚悟

国税　ゴルフ会員権はバブル期にはやったので、亡くなった被相続人がゴルフをする人であればもっていた可能性があります。ゴルフ会員権の名義変更の手続きの流れも知りたいです。

前田　ゴルフクラブの多くは会員制になっていて、会員は優先的にプレーできたり、特別料金になったりする特典があります。この会員になるためにはゴルフ会員権を買わなくてはならないのですが、ゴルフ会員権は財産的な価値があり、売買することが可能です。

無知　では、ゴルフ会員権の相続は、どうすればいいのですか？

前田　まずは、**ゴルフ会員権の証書を探してください**。会員権をもっていることを証明する書類です。あとは証書に書かれたゴルフクラブに問い合わせて手続きをするのですが、ゴルフクラブの名前や経営する会社が変わっている可能性があるので、インターネットなどで確認しましょう。

　手続きの窓口がわかったら、必要書類を持参すれば、相続の手続きができます。ゴルフクラブによって、書類の原本とコピーのどちらが必要かなど違いがあるので事前に確認しておくとスムーズです。

ゴルフ会員権の相続に必要な書類

- ✓ゴルフ会員権の証書
- ✓遺言書もしくは遺産分割協議書
- ✓相続人全員の印鑑証明書の原本
- ✓戸籍謄本の原本（被相続人の出生から死亡までのものと、相続人全員の現在戸籍）

無知 書類がそろえば、手続きは簡単ですか？

前田 そうなのですが、いろいろとお金がかかるのを覚悟しないといけません。まず、ゴルフ会員権の名義変更をするときは、**「名義変更料」**という名目でお金がかかります。

無知 それは手数料のようなものでしょうか。けっこう高いのですか？

前田 ゴルフクラブによって違いますが、**名門ゴルフクラブの会員権だと、数百万円単位の出費は覚悟**しておいたほうがいいです。**一般的なゴルフクラブでも10万円から100万円程度**はかかるでしょう。また、名義変更料を払ったあとも、年会費がかかります。

無知 思ったよりも高いですね。

国税 お金がかかることを考えると、ゴルフをやる人がゴルフ会員権を相続したほうがいいですよね。

前田 はい。ただ、**相続人だからといって、必ずゴルフ会員権を行使できるわけではない**です。ゴ

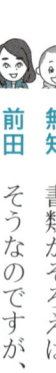

ルフクラブごとに入会審査があるので、会員権を相続しても入会できないケースがあります。

ゴルフクラブは名門になればなるほど、入会審査が厳しくなります。たとえば男性会員しか入会できないゴルフクラブの会員権を、女性が相続したとなると、その会員権は実質的に使えなくなります。

国税　ゴルフをしない人や、入会できない人が会員権を相続したら、売却するしかありませんか？

前田　はい。ただし、売却するためには、基本的にはいったん相続人の名義に変更する必要があるので、やはり名義変更料を払わなくてはいけません。この手続きが済めば、会員権の仲介業者などを通じて売却できます。とはいえ、売りに出したとしても、希望額で売れるとは限らず、**売却手数料として取引価格の2～3％程度**は支払わなくてはいけません。

国税　そういえば私が国税職員だった頃、ゴルフ会員権を売却して、売却損を確定申告して還付金をもらうケースが多かったです。でも、法改正があって今は売却損を確定申告できませんよね。

前田　そうです。なかには**買ったときよりも、数千万円単位で損をしている人もいると思いますが、残念ながら泣き寝入り**になります。

また、預託金制のゴルフ会員権の場合、**「償還」**という手続きをすることで、ゴルフクラブに預けた預託金を返してもらえる可能性がありますが、昨今は多くのゴルフクラブが経営状態の悪化から預託金を返せなくなっており、返還されるかはなんとも言えません。

Point!
ゴルフ会員権の相続は手続きに多額の出費がともなうことを覚悟

COLUMN 5

仮想通貨（暗号資産）の相続はこんなに大変

相続の手続きで、今後困る人が増えると考えられるのが、仮想通貨（暗号資産）の相続です。

暗号資産は法定通貨ではありませんが、インターネット上で決済手段として使われており、日本円との交換も可能なため、財産的な価値をもちます。そのため、被相続人が暗号資産をもったまま亡くなると、**遺産分割協議や名義変更、相続税申告などにも関わってきます。**

暗号資産の存在を家族に知らせないまま亡くなると、確実に相続の場面で困ります。暗号資産の存在を把握できるとは限らず、できたとしても相続手続きは一筋縄ではいきません。銀行や証券会社なら、戸籍謄本や遺産分割協議書などを持参すれば手続きをしてもらえますが、暗号資産はそうはいかないからです。

亡くなった家族が暗号資産をもっていたことがわかったら、まずは取引所に連絡して相続が起きたことを伝えましょう。たとえば、日本の大手暗号資産交換業者「ビットフライヤー」の場合、問い合わせフォームから被相続人と代表相続人の情報を連絡すると、その後の手続きの案内を届けてくれます。

必要書類は取引状況などによって変わりますが、基本的には銀行の名義変更と同様に戸籍関係や印鑑証明書などの書類が求められます。

この連絡のときに合わせてやっておきたいのが、**「残高証明書」の発行**です。相続の連絡をすれば自動的に発行してもらえるとは限らないので、最初から依頼しておくのが無難です。さらには相続開始日時点で、日本円に換算していくらなのかを書いてもらっておくと、相続税申告のときなどに役立ちます。

暗号資産のなかには、インターネットに接続されていないハードウェアなどで情報が管理されているものがあり、**「コールドウォレット」**と呼ばれています。

コールドウォレットの場合、取引所で管理されているわけではないので、所有している暗号資産にアクセスするための情報を引き継いでおかないと、相続人であっても使うことはできません。

情報が残っている可能性のあるスマホやパソコンを処分すると、永遠に換金できなくなってしまう恐れもあります。このような相続後のトラブルを避けるには、生前に暗号資産を換金しておくか、必要な情報にアクセスできるように相続人に説明しておくなどの工夫が必要です。

暗号資産をもつこと自体を否定するつもりはありませんが、**相続のときに家族が困るリスクが高い**ことは認識しておきましょう。

PART 6

「相続税の申告」がめんどくさい

……特例をうまく使って相続税を引き下げる

相続税申告は自分だけでやると大変？

……プロだから知る〝頼れるプロ〟を見つけるコツ

国税　ここからは相続税の手続きについてお聞きしたいと思います。私は相続税申告書を数多く見てきましたが、申告書を作るのはかなり大変ですよね。

無知　確定申告は、何度か自分でやったことがありますが、相続税の申告は無理ですか？

国税　私が税務署に勤めていた頃、**「税理士に依頼したくないから、相続税の申告書を作るのを手伝ってほしい」**という人が、たまにいらっしゃいました。

ただ、税務署の職員が申告書を代筆することはできませんし、そもそも申告書を作るために必要な情報がありません。そのため、結局は自分で何とかしてもらうしかないので、ほとんどの人は考えをあらためて税理士に依頼されていました。

前田　結局のところ、それが無難だと思います。それに、税務署の人に聞けば、ある程度は教えてもらえますが、基本的には質問に答えるだけですよね？

国税　そうです。節税のアドバイスをすることはありませんし、申告書作成にかかる時間や手間を考え

ると、プロに任せるのが合理的だと私自身は思います。通常、被相続人が亡くなった日の翌日から10カ月以内なので、それまでに自分で勉強して申告書を作るのは、ほぼ不可能でしょう。

無知　そもそも自分でやるのはめんどうなので、相続に強いプロに任せることになるでしょうね。ただプロに任せるにしても、自分自身である程度の知識をつけておかないといけない気もします。

プロに任せるときのコツはありますか？　というか、そもそも相続のプロって誰なのですか？

前田　まずは、**税理士、行政書士、司法書士、弁護士の守備範囲を押さえておくといい**ですね。

税金のことは税理士しかサポートできないので、相続税申告が必要なら税理士に依頼します。あとは、遺産分割協議書などの書面作成を依頼するなら行政書士、不動産登記が絡む場合は司法書士、話し合いがこじれたら弁護士、というイメージです。

無知　お願いする立場としては、1人に全部お任せできると楽ですし、金銭面でも不安があるのですが。

前田　気持ちはわかりますが、**士業は対応業務が法律で決められており、対応には制限があります**。たとえば、遺産分割協議書を有償で作っていいのは弁護士と行政書士だけですから、私のような税理士がやると、弁護士法違反になってしまうのです。

もっとも、相続に強い税理士の場合、ほかの士業と連携していることが多いので、ワンストップで対応してもらえることもあります。

国税　私も税務署にいたときに知ったのですが、税理士でも相続のことはほとんど知らないという人が少なくないですよね。相続に強い税理士を選ぶ方法って、何かあるのですか？

前田　ホームページなどである程度は調べられるのですが、実際に有能かどうかまでは判断しづらいで

しょうね。そんなときに使える〝魔法の質問〟が２つあるので、面談したときなどに投げかけてみてください。

それは、**「相続の手続きは年間何件、何人でやっていますか？」「相続の手続きは仕事全体のどれくらいの割合を占めますか？」**というものです。

国税 ストレートに実績を聞くというわけですね。

前田 はい。病院のお医者さんを選ぶときと同じように、相続も経験値が肝心なのです。たとえば、年間１００件の相続税申告をしているとホームページでうたっている税理士事務所が２つあったとしましょう。話を聞くと、A事務所は50人のスタッフで申告をしていて、B事務所は10人で申告している。

この場合、どちらがいいと思いますか？

国税 えっと、スタッフが多いA事務所でしょうか？

前田 ハズレです。B事務所のほうが、**スタッフ一人あたりが経験している件数が多いので、経験値が豊富**と考えられます。

あと、税理士事務所の多くは、相続よりも法人に関する仕事の割合が多いですが、できれば**相続の割合が大きな事務所を選んだほうがいい**と思います。ちなみに、私の事務所は８割以上が相続に関するご依頼です。

国税 知らない人からすると、「税理士なら誰でも同じ」と思ってしまうかもしれませんが、得意分野は人それぞれですよね。私自身、国税職員時代に担当していたので、相続税はある程度理解していますが、法人税についてはあまり詳しくありません。

前田　だからこそ、「税理士に任せれば安心」とすぐに思わず、**できるだけ相続に強い税理士を探すことが大事**ですね。

そして、プロに相談するとしても、その前に、書籍やネットで基礎的な知識を学んでおくことが大事です。何も知らない状態でプロに頼んでも、説明を理解できませんし、税理士の力量を見極めることもできません。

無知　では、ここからは、相続税に関して最低限理解しておきたいことを教えてください！

Point!

相続のプロに任せるにしても基礎的な知識を学んでおくことが大事

そもそも相続税はかかる？

……ひと目でわかる相続税申告の有無チェック

前田　相続税のルールのなかで真っ先に押さえておきたいのが、**「相続税の申告が必要か」**を判定する方法です。相続税の申告書を作るのはけっこう難しいですが、申告が必要かを判断するだけなら、自分でもできます。

相続税がかかるかどうかは、**相続財産が「基礎控除額」を超えているかどうかで判断**します。相続財産の合計から基礎控除を差し引いた金額が０やマイナスになる場合、相続税はかかりません。

基礎控除額の計算方法

☑ **基礎控除額 ＝ 3000万円 ＋ 600万円 × 法定相続人の数**

たとえば法定相続人が妻と長男、次男の3人という場合、「3000万円＋600万円×3人＝4800万円」となり、基礎控除額は4800万円です。ということは、相続財産が4800万円以下なら、相続税申告は必要ないということです。

国税 国税庁の公開情報によると、現在日本人の9・9％の人は相続税申告が必要とのこと。**実は9割近い人は申告する必要がないのです。**

前田 そうなると、相続税のことは考える必要がないですね。そうです。申告がいらないことが確認できれば、それだけで相続税に関してやることは終わります。でも申告が必要となると、やるべきことが膨大。申告すべきか否かを早めに知る必要があります。

この判定には、国税庁のホームページで無料公開している**「相続税の申告要否判定コーナー」**を使うのがおすすめです。相続人や相続財産の情報を入力すると、相続税の申告が必要か、ひと目でわかります。

無知 無料で使えるのですね、ありがたい。

国税 財産の種類ごとに相続税のルールの説明も見られるので、けっこう便利ですよね。特例を使った税額のシミュレーションもできるので、どれくらい納税資金を用意しておけばいいかもわかります。

前田 このシステムにざっくりとした数字を入れて、申告が必要そうであれば、税理士に相談するのがいいと思います。判定ミスが怖いので、ある程度多めに相続財産の金額を見ておくと安心です。

Point!

まずは相続財産が「基礎控除額」を超えているかをチェック

なぜ突然、税務署から相続税の通知が届くの？

税務署が死亡した人を特定する仕組み…

無知　相続税がかかるとわかったら、税理士に依頼するタイミングとしては、いつがいいのでしょうか？

前田　できるだけ早いほうがいいのですが、実際には相続税申告が必要と気づくまでに時間がかかるケースが少なくありません。よくあるのは、税務署から**「相続税の申告要否検討表」**が届いてから、「どうしたらいいでしょう？」と相談にやってくるケースです。

国税　いわゆる**「お尋ね」**と呼ばれるものですね。税務署は、相続税申告が必要と見込まれる人に対して文書を送って、相続財産などの情報を書いて返送してもらうようお願いしています。

前田　知らない人からすると、「お尋ね」が自宅に届くのは怖いと思います。

無知　そう思います。そもそも、なぜ税務署が家族の死を把握できるんですか？

国税　法律で、死亡届が出された場合、所轄税務署に情報提供がなされるようになっていますから、その情報をもとに「お尋ね」を送っているんです。

前田　とはいえ、死亡届が出たすべてのお宅に「お尋ね」を送っているわけではないですよね？

国税　そうです。国税庁は確定申告などの情報から個人の収入などの情報を蓄積していて、**「国税総合管理（KSK）システム」**で管理しています。こうした情報から、「この人は相続税がかかる」と見込まれた人に、「お尋ね」を送っています。

無知　でも、あくまでも見込みなので、「お尋ね」が届いたからといって、必ず相続税申告が必要とは限らないし、逆に、「お尋ね」が届かなくても相続税申告をしなくてはならない人もいるわけですよね。

国税　そうです。相続財産などを確認した結果、相続税申告が必要ないとわかれば、そのことを税務署に伝えるために「お尋ね」を返送すれば、それで済みます。逆に、相続税申告が必要となれば、「お尋ね」は返送しなくてもいいのですが、相続税申告書の提出が必要です。

前田　**とくに注意が必要なのは、『お尋ね』が届かないのに相続税申告が必要な人」**ですね。

国税　おっしゃるとおりで、税務署から「お尋ね」が届かないからといって、「うちは相続税申告をしなくてもいい」と考えるのは危険です。あとから税務署が新たな情報を把握して、「この人は申告が必要」と判断したとき、相続税申告書が出ていなければ相続税調査が行われることになります。

前田　「『お尋ね』が届いていないからペナルティが免除される」といったとり扱いもないですからね。「お尋ね」が届いても、届いていなくても、各自で相続税申告が必要かを判断するようにしましょう。

Point!
税務署から「お尋ね」が届いても届かなくても相続税申告が必要かを知っておく

相続税がかからない財産はある？

…「課税財産」と「非課税財産」を分ける

無知　相続税の「お尋ね」や相続税申告書を作るとき、まずは財産の内訳を書くことになりますよね。これには、遺産分割協議のために財産目録を作っていたら、その情報を移していけばいいですか？

前田　基本的にはそうなのですが、相続税のかからない**「非課税財産」**があるので、そういう非課税財産は除きます。あとは**「課税財産」を、相続開始日の相続税評価額に換算して集計**します。相続税評価額は基本的に「相続時の時価」になりますが、不動産や株式など、評価方法が決まっているものも少なくありません。

国税　生前に高価な仏壇や仏具を買っておけば、相続税対策になるという話がありますよね？

前田　富裕層の家庭には百貨店の外商が、仏具などを相続税対策グッズとして売りにきます。

無知　そもそも、どうして相続税対策になるんですか？

前田　たとえば、５００万円で純金の「おりん」を買えば、現金が非課税財産の「仏具」に変わるので、相続税対策になるという理屈ですね。それを相続が起きたあとに換金すれば、５００万円全額でないに

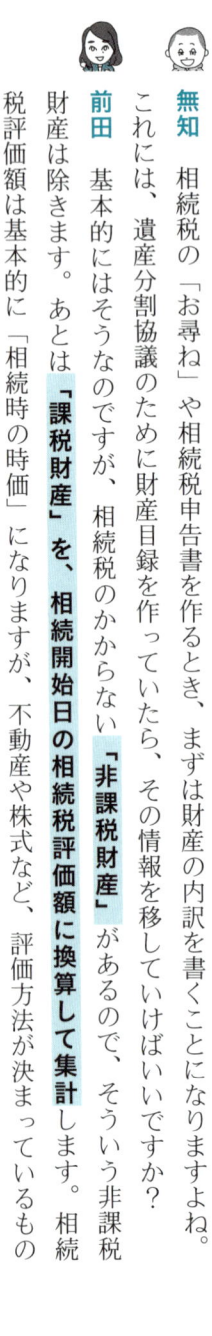

相続税の主な「課税財産」

財産の種類		相続税評価額
預貯金	普通預金	相続開始日の残高
	定期預金	相続開始日の残高＋源泉所得税額控除後の経過利子額
株式・債権	上場株式	相続開始日の終値、その月の終値の月平均額、その前月の終値の月平均額、前々月の終値の月平均額のうち、もっとも低い価額
	非上場株式	類似業種との比較や純資産などから計算して決定
	国債、社債など	発行価額などから評価
	証券投資信託	日刊新聞等に記載された基準価格
権利	ゴルフ会員権	おおむね取引相場の70%
	生命保険契約に関する権利	相続開始日の解約返戻金相当額
その他の財産	美術品、宝石、骨董品、自動車、牛馬など	売買実勢価格、専門家による鑑定額
みなし相続財産	死亡退職金	受取金額－非課税枠（500万円×法定相続人の数）
	死亡保険金	受取金額－非課税枠（500万円×法定相続人の数）
土地	市街地化地域とその周辺の宅地	路線価×宅地面積を補正した額
	路線価のない市街化調整区域の宅地	固定資産税評価額×倍率
	貸宅地	自用地の評価額－（自用地の評価額×借地権割合）
	貸家建付地	自用地の評価額－（自用地の評価額×借地権割合×借家権割合×賃貸割合）
土地上の権利	借地権	自用地の評価額×借地権割合
家屋	自宅	固定資産税評価額と同額
	貸家	固定資産税評価額×（1－借家権割合×賃貸割合）

〈相続税の非課税財産の例〉
1 墓地や墓石、仏壇、仏具、神を祭る道具など日常礼拝をしているもの（骨董的価値があるなど投資の対象となるものや商品として所有しているものを除く）
2 宗教、慈善、学術、その他公益を目的とする事業を行う一定の個人などが相続や遺贈によって取得した財産で、公益を目的とする事業に使われることが確実なもの
3 地方公共団体の条例によって、精神や身体に障害のある人またはその人を扶養する人が取得する心身障害者共済制度に基づいて支給される給付金を受ける権利
4 相続によって取得したとみなされる生命保険金のうち、500万円に法定相続人の数を掛けた金額までの部分
5 相続によって取得したとみなされる退職手当金等のうち、500万円に法定相続人の数を掛けた金額までの部分

せよお金が戻ってくるということです。ただし、**そういうやり方は、かなり危険**です。

国税　相続税対策で仏具などを買ったと税務調査で明らかになれば、「課税財産」と判断しますからね。

前田　ですよね。仏壇を豪華にする習わしの地方もありますが、ごく普通の仏壇に純金の超高価なおりんが置かれていたら、普通は税務署から目をつけられます。あるいは、相続前におりんを買ったときの出金を調べて、そこから申告漏れ財産と判断することもあるでしょう。

　だから、私もクライアントから「外商さんが相続税対策になると言っているから、買っていいですか?」と聞かれることがありますが、**「絶対にダメです」**と断言しています。外商は税金の専門家ではないのに、適当なことを言って売りつけようとする人がいますから、要注意です。

国税　状況によっては、**意図的な税逃れをしたと判断されて、「重加算税」をかけられる危険性もあります**からね。

無知　世の中にうまい話はないということなんですね。

前田　現実的な相続税対策としては、生前に一般的なお墓や仏壇を買うのがいいと思います。相続後に買うと相続税にまったく影響しませんが、生前なら相続税対策になりますから。

Point!

相続税対策で高価な仏壇や仏具を買うのは要注意

相続財産を隠すとどんな目にあうの？

……ベッドの下に3億円の札束が！

国税　相続税申告で漏れがちなのが「現金」です。とくに亡くなる直前に多額の現金が引き出されていたら、亡くなった日までのこっていると想定され、申告がなければ税務調査で必ずチェックされます。

前田　それは**〝相続あるある〟**ですよね。私が遭遇したのは、相続直前だけでなく直後にも多くのお金を引き出して、相続税申告に計上していなかったケースです。亡くなった人の妻が、夫の代理人として銀行の窓口に出向いたのですが、夫本人が来られない理由の欄に「出張のため」と書いていました。本人は亡くなっているので、完全な偽装です。

この人は結局、税務調査で意図的な財産隠しがあったと判断され、重加算税を課されました。

国税　税務署は銀行も調査できますから、そんなあからさまな脱税の証拠があれば、見逃しませんよ。

前田　あとで話を聞いたら、**「夫のものは私のものだから」**という考えの持ち主で、相続税をとられることに納得がいっていなかったようです。

無知　相続税を払うのが嫌な人ほど、追徴税を多くとられるのは皮肉な話です。

国税　それにしても、**やはり現金は〝脱税の温床〟になりがち**ですよね。私が税務調査で経験したケースでは、亡くなった被相続人の預金から現金を7000万円ほど引き出して、銀行の貸金庫がいっぱいになるまで詰め込んで隠していました。

相続人が毎日のように銀行口座から100万円ずつ引き出して、貸金庫に入れていたようです。

前田　故人の家で金の延べ棒や、段ボール箱やベッドの下に札束が詰め込まれていたのを、私も見たことがあります。**金の延べ棒は円に換算しておそらく数億円。段ボールのなかには6000万円ほど、ベッドの下には3億円ほどありました。**ベッドの下にあった札束は、何年もそのまま放置していたのか、乾燥してパリパリに乾いていたことが、強く印象に残っています。

無知　すごい金額ですね。ちなみに何をされていた人だったのですか？

前田　貸金業と不動産賃貸業で財をなした人で、遺産総額が20億円ほどありました。

国税　前田先生は、そういう隠し財産があることを把握すれば、やっぱり申告するよう説得しますか？

前田　もちろんです。もし税理士が脱税を助けたような形になると、税理士資格が剝奪されますから。脱税する人は、税理士にも情報を隠そうとするので、私もあとでガッカリさせられることがあります。

Point!

「夫のお金は私のお金」は相続では間違った考え

ややこしい土地をどうする？

…不動産の評価計算は素人にはムリ

国税　相続税を申告するとき、とくにややこしいのが土地だと思います。すでに不動産の相続税評価額について簡単な計算方法を説明していただきましたが、申告が必要になると細かく計算しないといけません。もう少し詳しく教えてください。

前田　はい。「路線価方式」の場合、路線価がベースになるのですが、**土地の用途や形状、道路との接触状態などによって、調整を加えていく**形になります。
たとえば、土地が正方形ではなく形が整っていなかったり、間口が狭かったりすると、評価額が下がるので、相続税が少なくなります。

国税　そういう調整の計算ってかなり複雑ですよね。国税職員だった私でも、すぐにはできません。

前田　**不動産の評価計算は、一般の人には難しい**です。土地の形は法務局で公図を得れば確認できますが、それを評価計算にどう反映させるかを知らなければ、それ以上先に進めませんから。相続に強い税理士であれば、評価額を下げる要素を探し出して、相続税評価額を下げてくれます。

不動産の相続税評価額が上がる土地・下がりやすい土地

評価額が上がる土地	評価額が下がりやすい土地
☑ 角地 ☑ 準角地	☑ 他人に貸している土地 ☑ 不整形地 ☑ 旗竿地 ☑ 傾斜のある土地 ☑ 線路沿いの土地 ☑ 庭内神祠がある土地 ☑ 忌み地（墓地など） ☑ 高圧線が通っている土地 ☑ 登記面積よりも実測面積が小さな土地 ☑ 広大な土地 ☑ 1000m²以上の宅地 （三大都市圏は500m²以上）

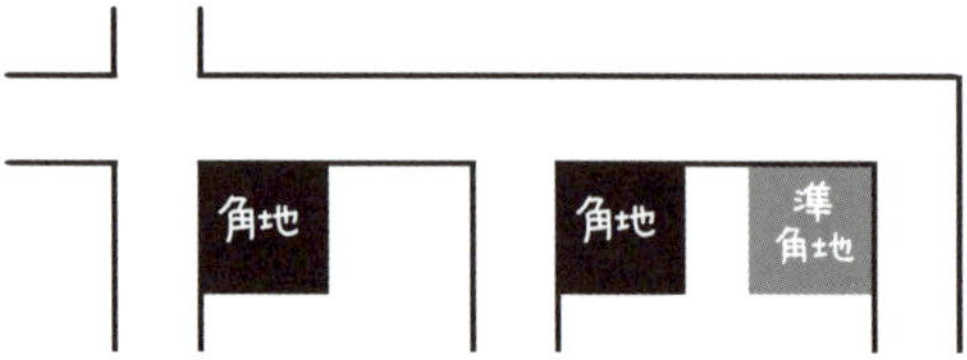

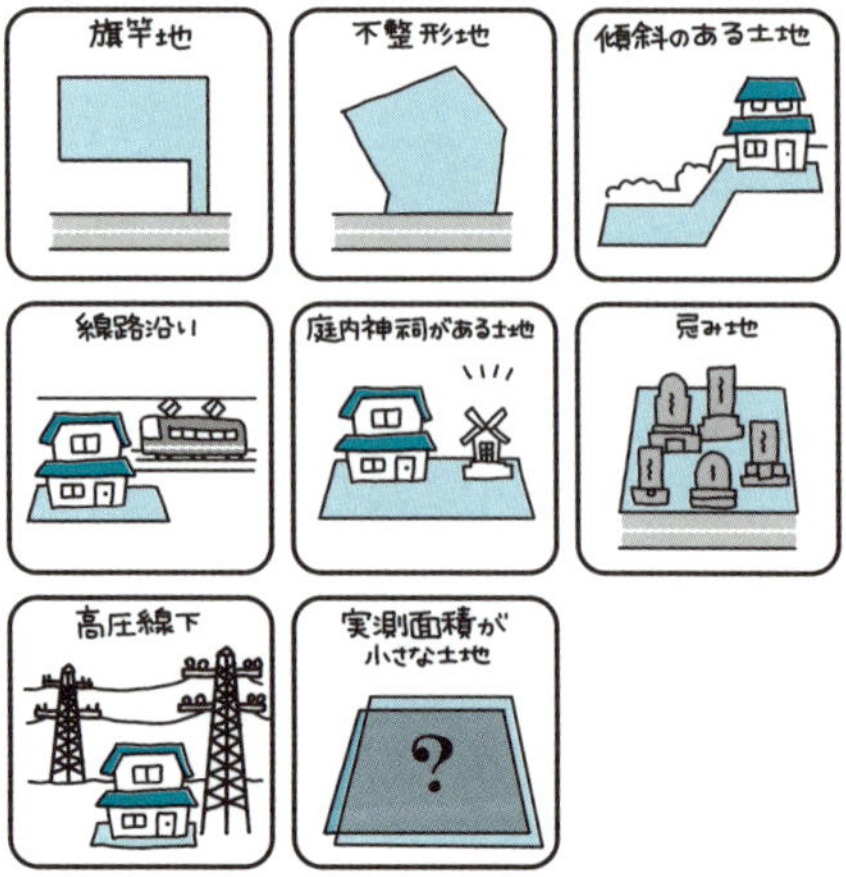

さらには、前に説明した「小規模宅地等の特例」も利用すれば、宅地の評価額をかなり下げられますから、余分な税金を払わないためにもプロに任せたほうがいいと思います。

無知 なんとなく、相続税申告を税理士に依頼する費用がもったいないと思っていましたが、税金が減るなら任せたほうがいいですね。

Point!

特例も活用して相続税評価額を下げるためにも申告は税理士に依頼するのが得策

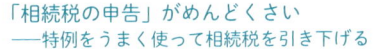

相続税の配偶者控除はどう使う？

…配偶者は1億6000万円まで相続税タダ！

国税 相続税を下げるうえで、**「配偶者控除」**は見逃せませんね。こちらも説明をお願いします。

前田 はい。夫婦間の場合、少なくとも1億6000万円までは無税で相続できます。さらに詳しく説明すると、**「1億6000万円」と「配偶者の法定相続分」のいずれか大きい金額が無税になります**。

たとえば、遺産総額が5億円で、配偶者の法定相続分が2分の1なら、2億5000万円までは無税で相続できます。

無知 富裕層の例とはいえ、すごい節税効果ですね。無税なら申告書も作らなくてもいいですか？

前田 いえ、**配偶者控除によって相続税がゼロになるとしても、相続税の申告は必要**です。ここは勘違いしやすいので、注意してください。

国税 相続税の配偶者控除には大きな節税効果があるので、できるだけ積極的に使いたいところですが、そう簡単な話ではないですよね。相続税対策の記事などでもよく見ますが、一次相続だけでなく二次相続まで考慮すると、配偶者控除をめいっぱい使わないほうがいいケースもあります。

たとえば、お父さんが亡くなって、お母さんと子どもが相続するのは「一次相続」、その後お母さんが亡くなって子どもが相続するのが「二次相続」とすると、遺産分割はどう考えればいいですか？

前田　相続税のルールからすると、**一次相続のときにすべての財産をお母さんが相続すると、二次相続のときに相続税が高くなります**。一次相続のときは相続税の配偶者控除を使えますが、二次相続のときは使えませんから。

だから相続税対策のためにシミュレーションをして、**あえて一次相続の段階で、「お母さんが半分、残りの半分を子どもたちが相続する」といった形を推奨する税理士は少なくありません**。私もそうしたアドバイスをすることはあります。

無知　将来的なことを考えると、とにかく配偶者控除を使えばいいという話ではないのですね。

前田　ただ、私の個人的な意見としては、あまり相続税にこだわりすぎる必要はないと思っています。相続税対策としては正解でも、その後の家族関係を考えると、ほかのやり方がふさわしいこともありますから。

無知　それは、どういうことですか？

前田　たとえば一次相続と二次相続のバランスを考えて、一次相続の段階で子どもにもある程度の財産を渡したとしましょう。すると、お母さんの老後の生活資金が足りなくなってしまい、不安を抱えながらのこりの人生を過ごすことになるかもしれません。

国税　それは避けたい事態ですね。では、やはり一次相続のときは、配偶者に多くの財産を相続させたほうがいいのでしょうか。

前田　**そうとも言い切れないのが、悩ましいところです。**一次相続で配偶者に多くの財産をのこすと、その後の二次相続のときに大きな遺産を分ける形になります。この二次相続のときに、兄弟姉妹が遺産争いを起こす可能性が考えられます。

一次相続のときは、まだ親のどちらかが生きているので、遺産争いが起きにくい状況にあります。お父さんが亡くなったとき、子どもは「お母さんの言うようにしよう」と考えるのが普通ですから。でも、二次相続は両親が亡くなっているなかで、子どもたちが遺産分割協議をすることになるので、話がまとまりにくいのです。

無知　一次相続のときに配偶者にのこす財産は、多すぎても、少なすぎてもよくないわけですね。難しいな……。

前田　そう考えると、一次相続のときは**「のこされた配偶者は、亡くなるまでに必要と見込まれる資金を相続する」のが1つの目安**になります。そうすれば、配偶者は不安なく老後を過ごせますし、お金を使い切って亡くなれば、二次相続のときにモメる事態も防げますから。

とはいえ、最後は納得感の問題ですので、あくまで1つの指針と考えていただければと思います。

Point!

家族の将来のことを考えて一次相続と二次相続の配分を考えたほうがいい

相続税の期限10カ月以内に間に合わないときは？

…「申告期限後3年以内の分割見込書」を出しておく

国税 相続税がかかる人は、期限内に申告する必要がありますね。前田先生がかかわったケースで、どうしても期限に間に合わなかったことはありますか？

前田 たまに申告期限の間際に依頼を受けることがありますが、申告は必ず期限に間に合わせるようにしています。相続税のルールでは、たとえ遺産分割協議が終わっていなくても、仮の内容で申告しなくてはいけませんからね。

国税 いわゆる**「未分割申告」**ですね。未分割申告をして、あとからきちんと申告をやり直せば、ペナルティはつかないので、まずは期限内に申告書を出しておくことが大事です。

無知 よくわからないのですが、相続税は遺産分割協議をした結果から計算しますよね。遺産分割協議が終わっていないのに、どうやって申告するんですか？

前田 未分割申告は、**「法定相続分で遺産を分けた」と仮定して相続税を計算**します。だから仮の申

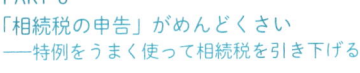

告なのです。

未分割申告をするときは、仮の税額を支払わなければいけないことに注意が必要です。未分割申告の場合、配偶者控除や小規模宅地等の特例を使えず、本来よりも高い税額で申告することになり、税負担が大きくなります。なので、未分割申告をしたとしても、できるだけ早く遺産分割協議をして、相続税申告のやり直しをしたほうがいいのは間違いありません。

無知　でも、遺産争いが起きている家庭だと、なかなか遺産分割協議が終わりませんよね。

前田　未分割申告をするときは、**「申告期限後3年以内の分割見込書」**を出しておくことで、3年以内に遺産分割協議が終わったあとに相続税を再計算できます。このときに「配偶者控除」や「小規模宅地等の特例」を使えるので、多くの場合は還付金をもらえます。

ですから、未分割申告をした場合は、まずはこの3年以内に話をまとめるのが最初の目標になります。

国税　もしも訴訟などに発展して遺産分割協議が3年以内にまとまらないときも、**「遺産が未分割であることについてやむを得ない事由がある旨の承認申請書」**を出せば特例を使える期限を延長できます。

前田　実は、この承認申請書を出し忘れるケースがけっこう多いようです。相続税に強い税理士であれば、忘れずに提出するのですが、そうでなければ申告期限後3年以内の分割見込書だけを出して安心してしまうと聞きます。

そのまま3年の期間が過ぎてしまえば、もう小規模宅地等の特例や配偶者控除を使うことができないので、相続税の負担がかなり多くなってしまいます。追加して注意したいのは、あくまで**「やむを得ない事由がある」ことが前提**ですから、調停や裁判などをせず、内輪でモメている場合には、こちらの承認申請書は受理されないということです。

国税　そういうややこしい問題にならないためにも、そもそも10カ月以内に遺産分割協議を終えて、やり直しがいらない形で相続税申告を済ませるのが一番ですね。

相続税の負担が大きくなることがあるので、できるだけ「未分割申告」はしないように

COLUMN 6

相続税の税務調査は恐くない

税務調査は、税金の申告に漏れや不備がないかを確認するため、税務署が行う調査です。相続税の税務調査の場合、初体験の人がほとんどなので、不安に感じることが多いと思います。ただ、どんなことをするのかあらかじめ知っていれば、そこまで恐れることはないでしょう。

国税庁の統計によると、令和5（2023）年の実地調査の件数が8556件、このうち申告漏れなどの「非違」があった件数は7200件で、非違の割合は84・2％と高くなっています。**実地調査1件あたりの追徴税額（加算税を含む）は859万円**です。

税務調査には、**「強制調査」**と**「任意調査」**の2種類があります。映画やドラマのイメージから、税務調査というといきなり職員が自宅に踏み込み、金庫や書類を押収するようなシーンを思い浮かべる人が多いようですが、そのような強制調査が行われることは普通はありません。大半の税務調査は任意調査ですから、安心してください。

任意調査の場合、事前に日程を調整したうえで、通常、現地調査（臨宅調査）は1日だけで済みます。必要な書類を用意して、きちんと対応できるようにしておけば怖くないので、相続税申告が必要な人は税務調査の流れを確認しておきましょう。

【税務調査の事前通知】

税務調査の事前通知は、申告書に税務代理権限証書（委任状）がついていれば、税理士に電話があります。電話で職員が調査の**開始日時・開始場所・調査対象税目・調査対象期間**などを伝えるという流れです。

相続税の税務調査は、原則として亡くなった被相続人の自宅で行われます。相続人全員で立ち会う必要はなく、被相続人と同居していた親族など、生前の故人の様子をよく知っている人が立ち会えばＯＫです。

【税務調査当日までの準備】

税理士から税務調査の連絡を受けたら、税務調査当日にむけて準備をしておきます。当日に提示を求められそうな書類を準備しておくと、調査がスムーズに進みます。

税務署の職員が提示を求めるのは、主に亡くなった被相続人の財産に関する資料です。預貯金通帳、生命保険証書、不動産の全部事項証明書、固定資産評価証明書、証券会社とのやりとりの資料など、被相続人のものはもちろん、相続人のものもできる限り用意しておきましょう。このほか、贈与契約書や遺言書、遺産分割協議書など、相続に関する資料の提示を求められることもあります。

なお、**税務調査では、過去のお金の動きを中心にチェックされる**ので、通帳などは最新のものだけでなく、過去の分も用意しておきましょう。

【税務調査当日】

税務調査の当日は、午前10時頃に調査官が2人以上でやってきます。午前中はヒアリングが行われ、故人の仕事や亡くなったときの状況、趣味や生活ぶりなど、さまざまなことを聞かれます。

これは単なる世間話ではなく、被相続人の生前の様子から、どうやって財産を築いたのか、どんなふうに財産を使っていたかなど、お金の流れを探るためです。お昼休みを挟んで、午後からは資料の確認が行われます。お茶菓子や昼食などを用意する必要はなく、もし出しても職員は絶対に手をつけません。その後、早ければ午後3時頃、遅くとも午後5時には調査が終了し、税務職員は帰っていきます。

調査当日のヒアリングでは、知っていることは誠実に答え、**知らないなら知らないと答えるようにしましょう**。もしウソをついてしまうと、税務署は真実を確認するために関係者や銀行などの調査をするため、調査が長引く可能性があります。状況によっては意図的な〝税逃れ〟と見られ重加算税が課される恐れもあるため、慎重に受け答えをしましょう。

【税務調査のあと】

税務調査の担当者が自宅を訪問する臨宅調査は、基本的に1回限りで、その後は税理士と税務署の間でやりとりされます。ここで追加の質問がくることはありますが、再び

課されたくない「追徴税」の種類

☑ 延滞税	税金が定められた期間までに納付されない場合にかかる利息に相当する税金
☑ 過少申告加算税	申告税額が本来の金額より少なかった場合の追徴課税で、本来の税額に対する不足分に対して10%（〜15%）加算される
☑ 無申告加算税	期限内に申告しなかった場合の追徴課税で、税務調査後は本来の税額に対して15%（〜20%）加算される
☑ 重加算税	仮装・隠蔽など明らかに悪質と認められる場合は、本来の税額に対し35%（〜40%）加算される

臨宅調査されることは普通なく、税理士を通じて回答します。

こうして税務署の確認が終わると、調査結果の通知が届きます。ここで申告漏れや計算間違いなどがあれば、申告内容を修正して再度申告し、不足分を納税します。

その後、税務署から延滞税などペナルティとなる税金の納付書が届きますから、**延滞税を安くするためにも、なるべく早めに修正申告・納税をしましょう。**

もし修正申告を提出しない場合は、税務署側から「更正」という処分がなされ、本来納めるべきだった税額プラスさらに税率の高い延滞税などが通知されます。

エピローグ

相続で本当に大切なこと

本書には、〝裏テーマ〟があります。

それは、「家族仲よく」です。実は家族仲次第で、相続の苦労は大きく変わります。

家族でコミュニケーションを重ね、お互いの気持ちに配慮し、円満な相続に向けて心を一つにできれば、相続にまつわるめんどうごとの8割は解決できるはずです。

遺産分割協議や相続登記、役所の手続きなど、相続の手続きは数多くありますが、家族が協力しあえば、そこまで大変ではありません。

逆に、家族仲がこじれてしまうと、相続は途方もなくめんどうになります。

遺産分割協議がまとまらなければ、せっかくの財産が有効に活用できなくなりますし、相続税の特例を使えず、余計な税金を払うことになります。

最悪の場合、裁判所で家族同士が遺産争いを繰り広げ、壊れた家族関係が次世代まで尾を引くことになるでしょう。

私が税理士であるにもかかわらず、節税を第一目標としていないのは、そのような理由によります。

割り切って節税のことだけを考えれば、話は単純です。「このように遺産を分ければ、一番税金が少なくなる」ということだけを判断すればいいわけですから。でも、あたり前のことですが、相続は家族の生活や感情に直結する問題であり、そんな単純に割り切れるものではありません。

かつて一つ屋根の下に暮らした家族といえども、1人ひとりの価値観が違い、抱えている思いや状況によって、望ましい相続の形は変わっていきます。

相続でモメるのは、1人ひとりが思う「こうあるべきだ」ということに、ズレが生じるからです。それぞれが「自分は正しい」と思っているのに、その考えが矛盾するわけですから、簡単に結論が出せないのはあたり前なのです。

だからこそ私は、本書で繰り返し述べてきたように、「納得感」が大切だと思います。相続人同士が互いに譲り合いながら、「完全に希望どおりではないけれど、これならいいか」と全員が納得する。そして、かけがえのない家族とともに円満に人生を歩んでいく。そんな相続を目指していただきたいと思います。

最後になりますが、この本に登場いただいたライターの小林義崇さん、編集者の斎藤順さんに、この場を借りて深く感謝申し上げます。相続は誰もが当事者になる問題です。この本を手にとってくださったあなたが、本当の意味で相続のお悩みを解消していただけたなら、これ以上の幸せはありません。

2025年3月

相続専門税理士　前田智子

[著者]

前田智子 まえだ・ともこ

1978年愛知県生まれ。2000年名古屋市立大学経済学部卒。2004年税理士法人トーマツ（現デロイトトーマツ税理士法人）入所。2015年税理士法人レディング入所。士業や先生業ではなく「サービス業」であることをモットーに、ほとんどの人が初めて経験する相続を円滑に進められるよう女性税理士ならではの視点を含めて、きめ細やかに対応。相続専門税理士・行政書士として複雑な人間関係の案件、弁護士案件、難易度の高い案件、規模の大きな案件など、数多くの相続税申告・生前対策をサポートしている。

[聞き手・ライター]

国税書夫＝**小林義崇** こばやし・よしたか

1981年福岡県生まれ。西南学院大学商学部卒業。2004年東京国税局の国税専門官として採用され、都内の税務署、東京国税局、東京国税不服審判所において、相続税の調査や所得税の確定申告対応、不服審査業務等に従事。2年連続で東京国税局長より功績者表彰を受ける。2017年7月東京国税局を退局し、フリーライターに転身。マネージャンルを中心に書籍や雑誌、ウェブメディアにて執筆。朝日新聞社運営のサイト『相続会議』をはじめ、連載記事多数。2021年9月に一般社団法人かぶきライフサポートの理事に就任し、相続に関する問題の解決をサポートする活動を行っている。著書に『元国税専門官がこっそり教える あなたの隣の億万長者』（ダイヤモンド社）など。

[聞き手・本書編集者]

無知相続＝**斎藤順** さいとう・じゅん

1972年秋田県生まれ。ダイヤモンド社書籍編集局第四編集部の本書担当編集者。3人兄弟の三男坊。郷里に暮らす両親は、ともに80代半ば。これまで実家の相続について考えたことは一切なかったものの、親族を亡くして相続の問題に直面し、かなり苦労しているという友人の話を聞いて、相続に関心を強めた。そうしたところプロ中のプロである相続専門税理士の本書著者に出会い執筆を依頼、役得をフル活用。

相続専門税理士が教える

相続のめんどくさいが全部なくなる本

2025年3月4日　第1刷発行
2025年7月2日　第2刷発行

著者……前田智子
発行所……ダイヤモンド社
〒150-8409　東京都渋谷区神宮前6-12-17
https://www.diamond.co.jp/
電話／03･5778･7233（編集）　03･5778･7240（販売）

ブックデザイン……中ノ瀬祐馬
編集協力……小林義崇
イラスト……カツヤマケイコ
校正……鷗来堂
製作進行……ダイヤモンド・グラフィック社
印刷・製本……三松堂
編集担当……斎藤順

ISBN 978-4-478-12194-8

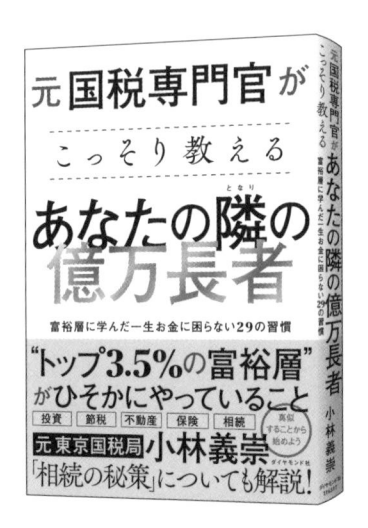